판매의 신

THE ART OF SALES

판매의 신

1판 1쇄 발행 2016년 4월 8일
1판 3쇄 발행 2017년 10월 16일
2판 1쇄 발행 2021년 2월 5일
2판 2쇄 발행 2022년 5월 16일

지은이 이정훈
펴낸이 백미옥
펴낸곳 리더북스
출판등록 2004년 10월 15일(제2004-000132호)
주소 경기도 고양시 덕양구 지도로 84, 301호(토당동, 영빌딩)
전화 031)971-2691
팩스 031)971-2692
이메일 leaderbooks@hanmail.net

ISBN 979-11-90616-26-3 03320

- 이 책은 개정판입니다.
- 잘못된 책은 서점에서 바꿔드립니다.
- 책값은 뒤표지에 있습니다.

팔지 말고 사게 하라!
판매의 신

THE ART OF SALES

판매왕이 공개하는 **영업의 완결판**

이정훈 지음

리더북스

저자의 말

영업의 고수가 사게 만드는 비법

사람들은 전문적인 지식이나 기술 없이도 쉽게 뛰어들 수 있는 것이 영업이라고 생각한다. 영업을 열심히 하면 평범한 월급쟁이보다 훨씬 많은 연봉을 받을 수 있다는 말에 귀가 솔깃해져서 영업을 시작하는 사람들도 많다. 사실 두둑한 자본이나 탤런트적인 끼가 없어도, 학력이나 연줄 같은 것이 없어도 본인이 밤낮으로 열심히 일하면 얼마든지 억대 연봉을 받을 수 있는 것이 영업이다. 무엇보다 영업의 매력은 노력한 만큼 보상을 받는다는 것이다. 그런데 유감스럽게도 이것은 영업에 몸담고 있는 사람들 모두의 현실은 아니다.

영업은 기본급보다는 성과급 개념으로 접근하기 때문에 실적이 뒷받침되지 않으면 생활이 불안정한 상황에 처할 수도 있다. 더구나 요즘은 계속되는 불황 때문에 사람들이 허리띠를 졸라매고 합리적인 소비를 하기 때문에 영업이 만만치 않은 것이 사실이다. "밤낮 쉬지 않고 열심히 일하는데 왜 이렇게 사는 게 팍팍한가" 하면서 오늘도 판매 실적 때문에 고민하고 괴로워하는 영업자들이 부지기수다. 영업을 하면서 성공에 이르는 길은 매우 좁고 험난하다. 그래서 이직률도 꽤 높다.

20년 전, 나는 스물다섯에 중요한 인생의 갈림길에 서 있었다. 그때 역시 지금과 마찬가지로 곳곳에서 먹고살기 힘들다고 아우성이었다. 경기가 안 좋다며 너나 할 것 없이 푸념을 늘어놓았다. 기업은 구조조정으로 몸집을 줄이고 불황이 가계를 덮치자 사람들은 지갑을 여는 데 인색했다.

나는 가족을 부양하기 위해 돈이 절실히 필요했다. 그래서 난생처음 영업을 하기로 결정했다. 그런데 영업을 시작하기도 전에 주위의 반대에 부딪혔다. 심지어 가족들도 "네가 무슨 영업을 하느냐"며 결사반대했다. 어느 누구도 내가 영업을 하는 것을 원하지 않았고 함부로 무모하게 도전하지 말라고 충고했다. 아무도 내 편을 들어주는 사람이 없어서 나는 정말 두려움이 커졌고 걱정이 앞섰다. 나 혼자서 모든 반대를 무릅쓰고 영업에 도전하는 것을 결정해야 했고 그 결과도 내가 받아들여야만 했다. 그래서 더 이를 악물고 보란 듯이 성공하고 싶었다.

나는 워낙 내성적이어서 처음에는 영업이 녹록하지 않았다. 사람들에게 상품을 소개하면 거의 외면을 당하거나 거절을 당했다. 그때 써놓은 일기를 펼쳐보면 끔찍한 고통의 단어가 행간에 가득하다. 장사나 영업을 해본 사람은 알겠지만, 돈을 잘 버는 날은 날아갈 듯 기분이 좋지만 매출이 거의 없는 날은 그야말로 죽을 맛이다. 손님이 많은 날은 하루가 금방 가지만 손님이 없는 날은 일도 재미없고 더 피곤하다. 영업을 하다보면 시쳇말로 공치는 날도 많다.

나는 일희일비하지 않기로 했다. 하루에 한 건 이상씩 계약을 하겠다고 목표를 잡고 그것을 이루기 위해서 달려 나갔다. 아침에 일어나서 오늘 만날 고객들을 생각하면 가슴이 설레고 의욕이 넘쳤다. 내가 하는 일이 고객들을 돕고 그들이 안고 있는 문제를 해결해주고 상황을 개선해 준다고 생각하니 자부심이 생겼다. 그러자 희한한 일이 일어났다. 그토록 외면하고 거절하던 고객들이 나를 따뜻하게 맞이하기 시작한 것이다.

나는 성공에 대한 열정 하나로 매일 고객을 만났다. 그 결과 매일 한 건, 매주 다섯 건, 5년간 월 평균 25건 계약이라는 신기록을 세웠다. 일 년 만에 모든 보험인의 목표인 MDRT(전 세계 보험 명예의 전당 회원)을 대한민국 최연소로 달성하는 기염을 토했다. 연이어 COT(MDRT의 3배 실적)을 달성하고 이듬해에 TOT(MDRT의 6배 실적)을 달성하며 20대에 연봉 5억을 받는 보험업계 신화로 우뚝 섰다. 그뿐 아니라 입사 4년째 되던 해에는 4천여 명의 재정설계사들을 제치고 나이 서른에 회사의 최고직급인 '프레지던트'를 달성해 주요 언론 매체인 조선일보, 동아일보, 한국경제신문 등 일간지를 비롯하여 보험신문, 뉴스매거진에 '화제의 인물'로 집중 조명을 받기도 했다. 내가 5년 동안 계약한 고객은 자그마치 1,100명이고, 고객 유지율은 98퍼센트였다. 이것은 업계에서 최고의 기록으로 통한다.

또한 보험영업 매니저, 지점장을 하면서 '리쿠르팅 1위 지점장' 수식어가 항상 따라다닐 정도로 수많은 영업자들을 억대 연봉을 받는 영업자로 양성했다.

나는 모든 영광을 뒤로한 채 내 영업 능력을 시험하기 위해 새로운 영업에도 도전했다. 외국 화장품회사의 영업관리자로 일하면서 판매원 천 명을 리쿠르팅하고 영업으로 성공하는 사람들을 양성하기 위해 영업 성공시스템을 구축하여 아시아 전체 리쿠르팅 매출 1위를 달성했다.

이러한 경험을 바탕으로 영업의 성공원리, 성공시스템을 개발했고, 멘토링 아카데미를 설립하여 대한민국 영업회사, 직판회사에 초청강사로 활발하게 활동하고 있다.

소심하고 내성적인 젊은이가 명실 공히 보험업계 최고의 판매왕에 오르고, 매니저, 지점장을 거쳐 화장품회사 영업관리자로서도 성공할 수 있었던 그 과정과 그 성공 비결이 이 책에 오롯이 담겨 있다.

예전이나 지금이나 변함없이 고객은 냉정하다. 고객은 사소한 것에 감동을 받기도 하지만 반대로 사소한 이유로 발길을 끊기도 하는 민감한 존재들이다. 오늘날 고객들은 영업자의 머리 위에 서 있다. 밀어붙이기식 영업 방식은 갈수록 현명한 소비를 하는 고객들 앞에서 무용지 물이 되어버린 지 오래다. 고객의 마음을 사로잡을 수 있는 방법을 연구하고 실행하지 않는 영업자는 도태될 수밖에 없다.

더구나 우리나라의 각종 경제지표들은 내수시장 경기의 불확실성에 더 무게를 두고 있다. 쉽게 말해서 올해는 경제가 더 어려워질 가능성이 높다는 얘기다. 이런 경기 침체는 영업자들에게 생존에 대한 불안한 환경적 요인으로 작용한다. 하지만 불황은 남의 얘기라는 듯 '잘나가는' 회사와 영업자들도 있다. 그들은 '나는 환경에 굴복할 수 없다. 힘들고 어려운 환경을 두려워하기보다는 즐기면서 극복하겠다'는 정신으로 일하는 사람들이다. 정신력에는 한계가 없다. 죽기를 각오하고 덤벼드는 사람을 당해낼 사람은 아무도 없다.

그러나 한 가지 분명하게 알아둘 것이 있다. 나는 열심히만 하면 팔리던 시대는 끝났다고 단언한다. 고객의 생각을 읽어내고 고객의 마음을 움직이고 고객의 지갑을 열게 하는 비밀을 모르면 더 이상 영업의 고수가 될 수 없다. 구태의연한 영업 방식으로는 살아남을 수 없다. 고객에게 거절을 당하지 않고 고객 스스로 사게 만드는 역발상의 판매를 하지 않으면 경쟁자들에게 고객을 빼앗길 수밖에 없다는 얘기다. 평범한 영업자들은 고객에게 물건을 팔려고 하지만 영업의 고수는 고객이 스스로 선택하여 사게 만든다. 그것도 고객이 합리적인 선택을 했다고 생각하게끔 만든다. 뛰어난 영업자는 고객의 필요를 자극하고, 고민하는 시간을 줄여주고, 상품을 합리적으로 선택하는 데 영향을 미치는 사람이다.

나는 영업이 적성에 안 맞는다고 생각하는 사람들, 애를 쓰는데 성과가 부진한 사람들, 영업의 고수가 되고 싶은데 그 해법을 찾지 못하는 사람들이 꼭 읽어야 하는 책을 쓰고 싶었다. 현장에서 만난 영업자들은 어느 상황에서건 잘 통하는 가장 빠르고 쉬운 답을 알려달라고 했다. 나는 현장에서 직접 체득하여 객관적으로 증명된, 그러면서 누구나 활용 가능한 책을 쓰려고 노력했다. 특히 고객이 찾아오게 만들고, 팔지 않고 사게 만드는 방법에 중점을 두었다. 아울러 고수들의 영업 비결도 소개했다. 노력한 만큼 성과가 나지 않아 답답했던 영업자들에게 이 책이 하나의 길잡이가 된다면 더 이상 바랄 것이 없다.

이 책을 펼쳐 읽기 전에 중요한 것 하나를 짚고 넘어가겠다. 이 책을 읽고 아무것도 시도하지 않는다면 이 책을 읽는 것은 완전히 시간 낭비라는 사실이다. 사라 브라운은 이렇게 말했다. "가만히 앉아서 성공한 것은 알을 낳는 닭밖에 없다."

이 책의 많은 아이디어 중에 한두 가지를 골라서 먼저 시도한 다음에 효과를 보면 또 다른 것을 매일 엄격히 지켜나가길 바란다. 중요한 것은 이 책을 읽고 '좋아, 이 정도라면 나도 할 수 있어!'라는 자신감을 갖는 것이다.

오늘 내가 이 자리에 있기까지 나의 가장 큰 멘토이자 스승은 바로 고객이었다. 그들은 때로는 나를 두렵게 하고 좌절하게 만들었지만, 때로는 칭찬과 격려, 응원을 아끼지 않았다. 그동안 나를 성장시켜 준 고객들에게 진심으로 감사의 인사를 드린다.

차례

4장 거절을 처리하는 5단계

5장 행운을 부르는 통화 방법

6장 무엇을 차별화해야 하는가?

차례

7장 사게 만드는 영업자는 무엇이 다른가?

8장 첫인상은 매너가 좌우한다

9장 상황에 맞는 판매 기법을 사용하라

10장 고객을 리드하는 기술

11장 가망고객 발굴과 시장 개척

12장 소개 영업에 사활을 걸어라

13장 질문의 힘을 활용하라

14장 예스를 끌어내는 대화의 기술

1장

팔지 말고 사게 하라!

THE ART OF SALES

팔지 말고 사게 하라!

불확실한 상황에서 어떻게 팔 것인가?

한때는 생산자 중심의 시장에서 일방적으로 밀어붙이는 판매가 통하던 시절이 있었다. 열심히 시장을 개척하고 가망고객들을 찾아 나서기만 해도 어느 정도 판매가 되었고 먹고사는 데 지장이 없었다. 나 역시 성실하게 고객을 발굴하고 DM, 이메일, 전화, 직접 방문 등 다양한 방법으로 하루에 100여 명과 접촉하면서 판매왕이 될 수 있었다.

그러나 상품의 공급이 수요를 초과하면서 시장이 급변하기 시작했다. 그리고 지금은 모든 시장이 포화 상태에 이르렀고 사용자인 고객의 요구에 맞춰야 하는 소비자 중심의 시장으로 재편되었다. 이런 무한경쟁 시대에 더욱이 인터넷, 모바일 등이 발달하면서 고객들은 여러 상품을 비교하면서 전에 비해 훨씬 지혜롭게 상품을 구매하고 있다. 그래서 제품의 우수성과 차별성, 가격 경쟁력이 없으면 더더욱 살아남을 수 없는 환경이 되었다. 게다가 판매 채널의 벽이 무너지고 텔레마케팅, TV 홈쇼핑, 모바일 쇼핑 등 새로운 형태의 시장이 생겨나면서 영업자들의 입지는 점점 좁아지고 있다.

지금은 그야말로 고객을 짝사랑하는 시대다. 고객은 변덕이 심하고 충성고객은 찾아보기 어렵다. 품질이나 서비스가 마음에 들지 않으면 언제나 떠날 준비를 하는 것이 고객이다. 이런 시장 환경에서 영업자들은 어떻게 해야 할까?

나는 책을 보던 중에 다음의 내용에서 영감을 얻었다.

스탠퍼드 대학교의 경영학 교수가 학생들에게 이런 질문을 했다.

"비즈니스를 무엇이라고 생각하는가?"

학생들은 "비즈니스는 돈을 버는 것이다", "이윤을 남기는 것이다"라고 대답했다. 교수는 고개를 끄덕이며 이렇게 말했다.

"다 맞는 말이다. 그런데 비즈니스의 더 정확한 의미는 이것이다. 고객의 주머니에 들어 있는 돈을 내 주머니로 옮겨오되 그것을 고객이 모르게 하는 일이다."

나는 이 글을 읽다가 '아하' 하면서 무릎을 쳤다. 비즈니스를 판매와 연결해서 생각해보니, 고객들이 상품을 구매하면서 '내가 돈을 내고 산다'고 여기는 게 아니라 '내가 이러이러한 이득을 얻는다'는 생각이 앞서도록 하는 것이 바로 판매의 비결인 셈이다. 이것을 한마디로 말하면, '팔지 말고 사게 하라'는 것이다. 고객 스스로 지갑을 열어 구매하도록 만드는 판매, 그것이 어떤 것인지 지금부터 이야기하고자 한다.

땀을 팔고 혼을 판다는 의미

먼저 원론적인 이야기부터 하려고 한다. 무슨 일이든 기본이 되는 생각과 마음가짐이 중요하기 때문이다.

영업을 해보겠다고 마음먹은 사람들에게 "왜 영업을 하려고 하십니까?"라고 물으면 거의 "돈을 벌고 싶어서요"라고 대답한다. 그들의 말을 더 들어보면, 영업이 적성에 맞지도 않고 원래 하고 싶었던 일은 아니지만 돈 때문에 어쩔 수 없이 한다는 것이다. 나는 그런 사람들에게 단호하게 말한다. "영업은 돈을 벌고 싶어서 어쩔 수 없이 하는 일이 아닙니다. 사람을 좋아하고 일을 사랑해야 합니다. 자부심과 긍지가 있어야 합니다."

그러면 사람들은 이렇게 말한다. "영업이 뭐 그렇게 대단한 일인가요. 적당히 교육을 받고 사람들 만나서 팔면 되는 거 아닙니까?"

천만의 말씀이다. 영업은 전문직이다. 적당히 물건을 팔고 돈을 벌겠다는 생각으로 하면 고객에게 거절만 당할 뿐이다. 영업을 하는 사람들 중에는 자기 일을 하면서 부수적으로 영업을 하는 사람들도 있는데, 그렇게 해서는 먹고는 살겠지만 성공할 수는 없다. 나태하고, 주어진 일만 겨우 하고, 소극적인 태도로 일하는 사람은 영업을 해서는 안 된다. 인생의 중요한 시간만 헛되게 낭비할 뿐이다.

영업이 만만하게 보일지 몰라도 이 세계에서 성공하려면 자신이 할 수 있는 모든 노력을 쏟아 붓고, 자신이 가진 능력을 최대한 활용해야 한다. 자신의 생각과 행동 습관, 심지어 세포 하나까지 영업에 적합하게 튜닝해도 성공률이 20퍼센트가 되지 않는다. 높은 연봉에 현혹되어 영업에 도전하는 사람들이 많지만, 솔직히 억대 연봉은 극히 일부 사람들의 이야기다. 피와 땀과 눈물 없이 요행으로 이룬 성공은 없다.

영업만큼 매력적인 일은 없다

"단언컨대 세상에서 영업만큼 매력적인 일은 없습니다." 내가 강의를 하면서 이렇게 말하면 사람들은 내가 무슨 '영업 신봉자'나 되는 것처럼 쳐다본다. 영업이 왜 매력적인 일인지 일일이 열거하자면 한도 끝도 없다. 몇 가지만 말하고자 한다.

영업을 하다보면 다양한 계층의 사람들을 만나기 때문에 사람을 배우고 인생을 배우고 경영을 배울 수 있다. 매너가 세련되어지고 화술이 유창해진다. 물론 돈도 많이 번다. 나 역시 스물다섯에서 서른까지 5년 동안 20억을 벌었다. 나는 영업의 전 과정이야말로 돈을 주고 살 수 없는 인생의 값진 경험이라고 생각한다. 나는 영업을 하면서 겸손의 미덕을 배웠고, 자신감과 용기를 가질 수 있었으며, 성취감을 느꼈고, 때로는 세상의 냉혹함과 좌절감을 극복하는 법을 알게 되었다.

사실 우리 주위를 둘러보면 영업 아닌 것이 없다. 모든 사람은 나름대로 뭔가를 매일 팔고 있다. 대통령은 국민들과 함께 국가를 이끌어가는 리더십을 팔고, 기업가는 회사 운영 능력을 팔고, 교수, 의사, 변호사, 회계사 등은 전문적인 능력을 팔고, 예술가는 재능을 팔고, 개그맨은 웃음을 팔고, 탤런트는 연기를 팔고 있다. 그들은 모두 땀을 팔고 혼을 팔고 자신의 능력이나 노하우를 잘 팔고 있기 때문에 그 자리에서 일하고 있는 것이다.

잘 팔고 못 파는 데에는 다 이유가 있다. 그 이유를 한마디로 말하면 잘 파는 영업자에게는 잘 파는 사고방식과 행동 습관이 있고, 못 파는 영업자에게는 못 파는 사고방식과 행동 습관이 있기 때문이다. 잘 파는 영업자는 외적인 환경과 상품의 좋고 나쁨을 떠나서 항상 판매할 수 있는 방법을 생각한다. 상품과 서비스를 통해서 어떻게 하면 고객에게 유익을 주고 공헌할 수 있는지를 진지하게 연구한다. 그래서 고객의 이익을 우선하는 영업자들은 "좋은 상품을 권해줘서 고맙다"는 인사까지 듣는다. 고객을 기쁘게 한다는 사명감은 영업자들을 즐겁게 하고 자신이 하는 일에 보람을 느끼게 한다.

돌 위에라도 3년은 있어 봐라

"여러분은 한 달에 얼마를 벌고 싶습니까?"

나는 강의를 할 때마다 이 질문을 빼놓지 않는다. 사람들은 "500만 원, 천만 원, 1억" 등 다양한 대답을 내놓는다.

나는 웃으면서 이렇게 말한다. "여러분이 방금 말한 금액이 월수입이 될 겁니다!"

사람들은 자신이 바라고 원하는 것을 그저 막연하게 생각할 뿐이다. 그러기에 구체적인 청사진이 없다. 자신이 바라는 것, 이루고자 하는 것이 무엇인지도 모르면서 달려갈 수는 없는 노릇이다. 그래서 우리의 삶에서 중요한 것은 속도가 아니라 방향인 것이다.

영업자에게는 정해진 수입이 없다. 내가 책정한 목표, 내가 벌고 싶은 돈이 곧 수입이 될 가능성이 높다. 영업자가 일반 직장인들과 다른 점은 자신의 월급이나 수입을 자신이 책정한다는 점이다. 영업은 나를 고용하는 주체가 바로 나 자신이기 때문에 철저하고 엄격한 자기관리가 필요하다. 수입을 높게 책정했다면 남들보다 더 피나는 노력을 해야 한다.

사람들의 마음을 움직여서 무언가 판다는 것은 결코 쉬운 일이 아니다. 사람들의 굳게 닫힌 마음을 여는 일부터 난관의 연속이다. 영업자들은 물건 하나를 팔기 위해서 적어도 수십 번의 거절을 당한다. 사람들은 문전박대를 하고, "안 사요", "관심 없어요" 하면서 전화를 뚝 끊어버린다. 영업을 하다보면 한숨이 저절로 나올 때가 부지기수다. 심지어 사적인 모임에 참석하여 명함을 돌리면 '물건 팔려고 기를 쓰는구나' 하는 눈초리로 바라보는 사람들도 있다. 생판 모르는 사람은 그렇다 치고 친한 사람들에게도 수모를 겪지 않은 영업자는 거의 없을 것이다. 그래서 초보 영업자들은 의기소침해지고 일을 시작한 지 얼마 되지 않아 그만두는 일이 비일비재하다. 일 년 정도 해본 다음에도 그만두지 않고 영업을 계속하는 사람들은 그야말로 치열한 생존게임에서 살아남은 자들이라고 볼 수 있다. 그들은 도쿠가와 이에야스 전집에 나오는 말, "돌 위에라도 3년은 있어 봐라"를 온몸으로 실천하는 사람들이다.

나는 세일즈 초기의 난관을 극복하고 보험업계에 입문한 지 일 년 만에 회사에서 'A Great Beginning상'을 받았고 최연소 MDRT 회원이 되었다. 이름이 알려지자 나를 찾아오는 신입 사원들이 많아졌다.

어느 날, 한눈에 봐도 지쳐 보이는 신입 사원이 조언을 구하러 찾아왔다. 그는 명문 대학을 수석으로 입학했던 장래가 촉망되는 젊은이였다. 대학을 졸업하고 대기업에 입사했지만 보다 진취적이고 도전적인 일을 하고 싶어서 세일즈에 뛰어들었다고 했다. 그런데 세일즈를 시작한 지 4개월이 지나자 완전히 자포자기 상태가 되었다. 그는 내가 경험한 것과 마찬가지로 영업을 하면서 고객들에게 수없이 거절을 당하고 실적도 오르지 않자 좌절감에 휩싸여 있었다.

나는 그에게 이런저런 얘기를 해주면서 마지막으로 이렇게 말했다.

"고객들은 영업자에게 특별한 거부감을 갖고 있지 않아요. 영업자가 고객의 거절을 두려워할 뿐입니다. 고객에게 진심으로 다가가 도움을 준다고 생각해 보세요. 그러면 고객들이 마음을 열게 될 거예요."

어쩌면 그는 이미 다 알고 있는 사실을 나를 통해 다시 한 번 확인하고 싶어 했는지도 모른다. 석 달 후에 그에게서 한 통의 편지를 받았다.

이정훈 선배님,

정말 포기하고 싶었지만 이제 더 이상 도망갈 곳이 없다고 생각하니 제 안에서 알 수 없는 용기 같은 것이 생겨나기 시작했습니다.

'그래, 다시 도전해보자. 100일 만이라도 더 뛰어보자.'

그러면서 그는 석 달 동안 자신이 열심히 개척 영업을 한 사례를 소개했다. 그리고 편지 말미에 이렇게 썼다.

요즘 제가 가장 신나는 이유는 가족이나 친지들이 더 이상 저를 부끄러워하지 않기 때문입니다. 오히려 영업을 하는 저를 자랑스러워하고 주변 사람들을 적극적으로 소개시켜 줍니다. 이제는 말할 수 있습니다. 보험 세일즈맨이 된 것이 정말 내 생애 최고의 선택이었음을.

얼마 후 그는 변함없이 우직하게 애쓰고 일한 덕분에 지점에서 최고의 영업사원이 되었다. 매월 평균 13건의 계약을 올렸고 억대 연봉자가 되었다. 오랜만에 만난 그는 이렇게 말했다. "저의 꿈은 고객들보다 3일 더 사는 것입니다."

내가 "왜 3일입니까?"라고 물었더니 그는 이렇게 말했다. "첫째 날은 가족과 함께 같이 슬퍼하고, 둘째 날은 가족을 위해 보험금을 신청하고, 셋째 날은 보험금을 드리며 삶의 희망을 같이 전달하고 싶기 때문입니다."

나무가 목재로 쓰이려면 시궁창에서 삼 년을 썩어야 하고, 거기서 성한 것만을 골라내어 흐르는 물에서 삼 년을 견뎌야 한다. 그것을 견디지 못한 나무는 추려낸다. 그 과정을 이겨낸 나무는 또 그늘에서 삼 년을 바람에 견뎌야만 비로소 목재로 쓰인다. 쓰임새 있는 나무처럼 사람도 끈질기고 집요함 가운데 성장한다.

성공한 사람들의 애직심

영업자는 발로 뛰고 머리로 뛰고 손으로 뛰고 입으로 뛰면서 돈을 버는 사람들이다. 고객을 발굴하고 설득하고 계약을 해야 자신의 성공과 미래가 보장된다. 영업 분야에서 성공한 사람들의 사례를 보면 그들처럼 하면 성공하지 못할 사람이 없다는 생각이 들 정도다. 보통 사람들은 서너 번 찾아가서 판매가 안 되면 마음을 접지만 성공한 영업자들은 열 번이라도 고객을 찾아간다. 지나가는 길에 들렀다, 좋은 정보를 드리려고 왔다, 때로는 같이 식사나 하자며 줄기차게 접촉을 시도한다. 뮤지컬을 좋아하는 사람에게는 티켓을 사서 주기도 하고, 고객의 대소사도 빠짐없이 챙긴다. 성공한 영업자들은 일단 목표고객으로 삼은 사람들을 성심성의껏 만나면서 마침내 고객으로부터 "당신에게 사겠습니다"라는 말을 듣는다. 그들은 절대로 상품을 구매하라고 독촉하지 않는다. 그렇게 했다면 한두 번 만났을 때 고객과의 관계가 끝나버렸을 것이다. 그들은 고객 스스로 필요해서 상품을 구매할 때까지 기다리고, 고객이 반응을 보이면 전문가적인 면모로 고객의 문제를 해결해 준다.

탁월한 영업자들은 인간적인 매력도 있고 고객에게 도움이 되는 전문지식도 갖추고 있다. 언변도 좋고 설득 기술도 있다. 그러나 나는 그보다 더 중요한 한 가지가 있다고 본다. 그것이 그들을 성공한 영업자로 우뚝 서게 만들었다. 그것은 자신이 하는 일의 가치를 중요하게 생각한다는 것이다. 어느 연구 결과에 따르면, 병원에서 일하는 직원들의 3분의 1은 자신의 일을 생계수단으로, 3분의 1은 직업으로, 나머지 3분의 1은 소명으로 여긴다고 한다. 영업자들도 크게 다르지 않을 것이다. 자신의 일을 사랑하고 그것을 소명으로 여기는 영업자들은 고객에게도 그 가치를 잘 전달하면서 판매를 하기에 최고의 성과를 내고 있다. 애직심愛職心은 자신의 일을 사랑하는 마음이다. 애직심은 반드시 판매 성과로 이어진다.

애플은 즐거운 경험을 판다

불황이라 업체들은 물건이 안 팔린다고 아우성이다. 그런데 소비자들은 경기 침체로 씀씀이가 줄어들기는 했지만 물건을 사고 싶은 욕구는 변하지 않는다. 불황에도 잘 파는 매장이나 브랜드, 기업은 반드시 있게 마련이다. 잘 팔리는 매장은 무엇이 다른가?

'장인정신'이라는 말을 들어보았을 것이다. 장인匠人은 투철한 직업정신을 가지고 심혈을 기울여 물건을 만든다. 무엇을 만들어도 이 정도면 되었다는 기준이 상당히 높다. 그러기에 장인정신으로 만들어낸 것은 상품이 아니라 작품으로서 최고의 가치를 인정받는다.

상품과 작품은 어떤 차이가 있는가? 그것은 가치 면에서 엄청난 차이가 있다. 상품은 대량 생산되어 손쉽게 구할 수 있지만, 작품은 귀하고 돈으로 환산할 수 없는 가치가 있다. 작품에는 그것을 만든 사람의 정성과 땀과 혼이 고스란히 담겨 있다. 상품은 시간이 지나면 구식이 되지만, 작품은 시간이 흐를수록 가치가 더 높아진다.

상품을 팔 것인가, 작품을 팔 것인가? 계속 이 물음의 답을 찾기 위해 고민하던 중에 우연히 카민 갤로가 쓴 《애플 스토어를 경험하라》는 책을 읽게 되었다. 계속되는 불경기 속에서도 최고의 실적을 올리고 있는 애플 스토어의 비밀을 흥미롭게 분석한 책이다. '상품이 좋으니 많이 판매되는 게 당연하겠지' 하는 생각을 하면서 책을 펼쳐 들었는데, 그것이 아니었다. 애플 스토어에 주목해야 할 점은 고객에게 제공하는 즐거운 경험이었다.

애플 매장에는 판매직원이 없다. 대신 바텐더 같은 역할을 하는 직원이 있다. 이들의 역할은 제품을 설명하는 것이 아니라 그것을 가지고 신나게 즐길 수 있는 방법을 알려주는 것이다. 매장 판매자들은 고객을 따뜻하게 맞이하고, 질문하고, 경청하고, 즐겁게 대화를 한다. 그들은 '고객을 어떻게 기분 좋게 만들 수 있는가'에 집중한다. 어떤 판매직원은 20분간 축구이야기로 고객과 수다를 떨기도 한다. 이것이 애플 스토어가 전미 소매점 단위면적당 매출 1위, 명품 브랜드 티파니 매장 2배 이상의 매출을 올리는 비결이다.

상품을 팔려면 고객에게 즐거운 경험을 제공해야 한다. 그런데 무뚝뚝하고 열정 없는 판매자가 물건을 파는 매장은 즐거운 경험이란 게 없다. 고객은 이왕에 같은 제품을 살 거라면 즐거운 경험이 있는 곳에서 구매하고 싶어 한다. 고객에게 색다른 경험을 안겨주면 똑같은 제품도 전혀 다른 제품으로 인식시킬 수 있다.

영업의 고수는 정情 관리를 잘 한다

손님들이 붐비는 어느 음식점에는 이런 액자가 하나 걸려 있다.

"처음 오신 손님은 처음이라 반갑고, 두 번 오신 손님은 구면이라 반갑네. 세 번 오신 손님은 이웃 같아 반갑고, 네 번 오신 손님은 가족 같아 반갑네."

한마디로 반갑게 자주 오라는 말이다. 생판 모르는 사람도 자주 만나면 이웃처럼 친해지고 나중에는 가족같이 가까운 사이가 된다. 그 식당은 정기적으로 주인과 종업원이 재미있는 의상을 입고 이벤트를 벌인다. 게임을 해서 손님들에게 간단한 선물도 준다. 짧은 시간이지만 다른 식당에서는 하지 않는 특이한 이벤트를 벌여 고객들이 자주 찾아오도록 한 것이 그 식당의 성공 비결이다.

영업은 만남의 비즈니스다. 그래서 영업을 할 때는 사람들과의 유대관계가 매우 중요하다. 영업의 고수는 관계를 돈독히 하기 위해서 정情 관리를 잘 한다. 상품을 팔기 위한 목적을 앞세워 고객을 만나는 것이 아니라 사람들을 얻는 데에 초점을 맞춘다. 그들은 고객에게 즐거움을 주고, 기쁠 때나 슬플 때나 고객과 함께하는 상생의 서비스 정신으로 영업을 하고 있다.

팔지 말고 팔리게 하라

원론적인 문제를 한번 생각해보자.

"판매란 무엇인가?"

사람들에게 이 질문을 하면 십중팔구는 상품을 파는 것이라고 대답한다. 어떤 사람은 판매란 상품을 팔고 서비스하고 아이디어를 제공하는 것이라고 말하기도 한다. 물론 다 맞는 말이다. 그런데 나는 판매를 다른 관점에서 본다. 판매는 고객에게 파는 게 아니라 고객이 스스로 사게 하는 것이다. '사게 한다'는 말에는 상품의 효용 외에도 영업자의 역할, 예를 들어, 호의나 정성 등이 작용하고 있어서 고객이 살 수밖에 없도록 한다는 뜻이 내포되어 있다.

고객이 상품을 사게 하기 위해서는 프로세스가 필요하다. 고객에게 호감을 주지 못하면 두 번 다시 기회를 얻지 못한다. 고객으로부터 신뢰받지 못하면 설득하지 못한다. 고객의 니즈에 맞지 않으면 판매하지 못한다. 이러한 과정을 무시하고 조급한 마음으로 무작정 팔려고 덤비면 돌아오는 것은 고객의 거절밖에 없다. 따라서 판매의 정의를 더 넓게 생각하면 고객들에게 바람직한 영향을 주고 고객들을 내가 원하는 방향으로 이끄는 능력이라고 할 수 있다.

영업의 고수는 결코 상품을 팔지 않는다. 이 말이 무슨 말이냐 하면, 파는 행위의 주체는 영업자 자신이 되어야 한다는 것이다. 진정한 영업자는 고객이 스스로 사게 한다. 산다는 것은 고객이 자발적인 의지로 하는 행동이다. 영업의 고수는 무리해서 팔려고 하지 않는다. 그들은 무턱대고 판매를 시도하지 않으면서도 세련되게 성과를 올리는 자신만의 노하우를 가지고 있다.

잘 파는 영업자와 신통찮은 영업자

판매 현장에는 잘 파는 영업자와 신통찮은 영업자가 있다. 신통찮은 영업자는 대개 자신의 실적이 좋지 않은 것에 대해 여러 가지 이유를 가지고 있다. 예컨대 물건이 잘 안 팔리는 것은 '경기가 나쁘기 때문이다', '회사나 상품 인지도가 낮기 때문이다', 혹은 '경쟁이 심하기 때문이다'라는 식이다. 틀린 말은 아니다. 그러나 주변을 보라. 경기가 안 좋아도 최고의 프로들은 상품을 많이 판매하고 매년 더 높은 연봉을 갱신하고 있다. 그들은 다른 세상에 살고 있는 사람들인가? 그들의 실적은 그냥 운이 좋아서 달성된 것인가?

결코 그렇지 않다. 신통찮은 영업자에게 '지금은 돈이 없어서 구매할 수 없다'고 한 고객들은 어쩌면 최고의 영업자에게 이미 똑같은 상품을 구입했을지도 모른다. 같은 상품, 같은 가격인데도 이런 일이 생기는 이유는 고객은 상품이 아니라 영업자를 선택하여 구매를 하기 때문이다. 사람들은 대개 '이 영업자에게는 구입해도 괜찮다'라든가 '저 영업자에게는 사기 싫다'는 선택 기준을 가지고 있다.

최고의 영업자들은 경기가 안 좋을 때 자신의 능력을 더 키워 나간다. 자신에게 어떤 점이 부족한지, 자신이 무엇을 잘못하고 있는지 빨리 깨닫고 그것을 개선하기 위해 더 노력한다. 그것이 그들이 판매를 잘하는 이유다.

장사를 잘하는 사람들도 마찬가지다. 장사를 잘하는 사람은 '한가하다'는 말을 입에 담지 않는다. "요즘 장사는 어때?"라고 누가 물으면 "손님이 없어서 파리만 날린다"고 말하지 않는다. "아직은 여유가 있어서 손님을 제대로 대접할 수 있다"고 말한다. 손님이 많지 않아도 그분들에게 감사해하고 정성을 다하려면 절대로 한가할 수가 없다.

가게 주인이 장사를 잘하는 사람인지 알아보는 방법은 딱 한 가지다. 그것은 주인이 손님을 즐겁게 해줄 궁리를 하고 있는지를 보면 알 수 있다.

영업은 고객을 행복하게 해주는 것

영업의 궁극적인 목표는 무엇인가?

나는 고객에게 행복을 전하는 것이 영업의 목표라고 생각한다. 고객이 원하는 것을 얻게 해줘서 행복하고, 고객이 행복해하는 모습을 보면서 나도 행복하고, 고객과 나 사이에 신뢰가 생겨서 행복하다. 어떤 사람은 많이 팔아서 돈을 많이 버는 게 행복이라고 말하지만 나는 고객에게 기쁨과 만족을 주는 것이 영업자의 행복이라고 여긴다. 고객들이 기뻐하고 만족하는 모습을 보면 나는 마음이 따뜻해지고 행복해진다.

모든 판매는 기본적으로 관계 속에서 이루어지기 때문에 고객에게 만족을 주어야 나도 만족할 수 있다. 영업의 세계가 진정 무엇인지 알고 싶다면 당장의 실적에 연연해하기보다 '이 상품을 통해서 고객에게 도움을 주고 만족을 주고 싶다', '이 상품을 사용하면서 고객이 행복해하는 모습을 보고 싶다'는 것에 관심을 두어야 한다.

이러한 마인드를 이해하기 쉽게 사례로 들어보겠다. 어느 책에서 읽은 내용인데 이 이야기는 나에게 영업에 대해서 다시 생각해보게 했다.

일본에 유명한 초밥 전문점이 있는데, 그 가게 주인은 세 가지 원칙을 가지고 장사를 한다.

첫째, 초밥은 신선도가 생명이다. 따라서 그날그날 신선한 생선을 구입한다.

둘째, 그날 소비하지 못한 생선은 전부 폐기 처분한다.

셋째, 절대로 포장 판매를 하지 않는다.

포장 판매를 하지 않는 이유는 손님 앞에서 갓 쥐어놓은 초밥이 가장 맛있는 상태이기 때문이다. 아무래도 포장을 하게 되면 생선의 신선도가 떨어질 뿐만 아니라 고추냉이가 밥에 배어 밥알이 지저분해지기도 한다.

여기까지는 "식당 주인이라면 당연히 그래야지"라고 생각할 수도 있다. 그런데 내가 진정 말하고 싶은 얘기는 지금부터다.

하루는 이런 일이 있었다. 장사를 하려고 준비하는데 어느 젊은이가 가게 문을 열고 들어왔다. 젊은이는 단골손님의 아들이었다. 그는 이렇게 말했다. "아버지가 갑자기 쓰러지셔서 병원에 입원하셨어요. 사경을 헤매시다가 깨어나셨는데 초밥이 먹고 싶다고 하셔서 찾아왔습니다. 포장 판매를 안 하신다는 것은 알고 있는데, 혹시 가능한지요?"

초밥집 주인은 젊은이의 절박한 말을 듣고 어떻게 했을까? 원칙을 깨고 포장 판매를 했을까?

아니다. 그는 젊은이와 함께 단골손님이 입원한 병원으로 갔다. 그의 손에는 초밥을 만들 수 있는 재료가 들려져 있었다. 그는 병원에 가서 단골손님에게 직접 초밥을 만들어 주었다. 가게에서 즐겨 먹던 신선하고 맛있는 초밥을 입에 넣고 맛을 음미하던 단골손님은 너무나 행복한 표정을 지었다. 이제 죽어도 여한이 없다고 말할 정도였다. 그의 가족들은 초밥 가게 주인의 정성에 감동하여 몇 번씩이나 고맙다고 인사를 했다. 초밥 가게 주인은 이렇게 말했다.

"초밥은 배를 채우는 음식이 아닙니다. 초밥은 만드는 사람을 보면서 그 정성을 먹는 것입니다."

초밥을 만드는 사람의 정성과 그 정성을 먹고 행복해하는 사람들. 판매는 이런 것이다. 판매하는 일은 고객을 행복하게 해주는 것이다.

2장

영업의 고수는 팔리게 한다

THE ART OF SALES

팔지 말고 사게 하라!

고객은 자신의 문제에만 관심이 있다

고객은 영업자의 개인사에는 관심이 없다. 고객은 영업자가 갚아야 할 대출금이 얼마나 있는지 신경 쓰지 않는다. 고객은 이번 달 마감을 위해 영업자가 얼마나 매출을 올려야 하는지 관심이 없다. 고객이 관심을 가지는 것은 오직 자기 자신의 문제밖에는 없다.

고객이 영업자를 만나는 이유는 딱 한 가지다. 영업자가 자신의 문제를 조금이라도 해결해 줄 수 있다고 생각하기 때문이다. 따라서 영업자는 고객에게 온전히 집중해야 한다. 영업자는 자신의 이야기를 하지 말고 고객의 말을 먼저 들어야 한다. 고객이 말하는 것을 명확하게 이해하고 요약하여 어떻게 고객을 도울 수 있는지, 어떻게 판매하는 상품이 고객의 문제를 해결해 줄 수 있는지를 찾아내야 한다.

고객은 특별한 것에 감동하는 것이 아니다. 값비싼 선물을 준다고 해서 감동하는 것도 아니다. 고객은 자신을 배려하는 작은 행동 하나에 감동한다. 그러기 위해서 영업자는 고객이 필요로 하는 것이 무엇인지, 고객이 불편해하는 것이 무엇인지를 파악하고 고객이 요청하면 지체없이 도움을 주어야 한다.

영업자가 고객과 관계를 맺을 때 잊지 말아야 할 것은 '입장을 바꿔 생각하는 것'이다. 어쩌면 당신도 고객 입장에서 하자가 있는 물건을 구입하거나, 애프터서비스 문제로 감정이 상하거나 한 적이 분명 있을 것이다. 항상 고객의 입장에서 바라보고, '내가 고객의 입장이라면 무엇을 원하겠는가?'라는 질문에 스스로 답해야 한다.

고객의 유형은 매우 다양하다. 점잖은 고객이 있는가 하면, 반말을 일삼는 무례한 고객, 무조건 신속하게 처리해달라고 요구하는 막무가내 고객, 사사건건 시비를 거는 얄미운 고객도 있다. 고객의 유형은 다르지만 이들의 공통점은 자신의 문제를 해결해 줄 수 있는 영업자에게서 해결책을 찾으려 한다는 것이다.

꼭 명심해야 할 것이 있다. 그것은 '좋은 고객은 요구사항이 많다'는 것이다. 그들은 영업자가 이 정도면 적당하다고 생각하는 것 이상으로 기대하는 게 많다. 그러니 고객에게 약속한 것 이상을 제공해주어야 고객의 마음을 확실하게 사로잡을 수 있다.

고객의 관점에서 대응하라

성과가 높은 영업자는 고객이 스스로 찾아오게 만든다. 고객들은 무엇 때문에 그에게서만 물건을 살까? 그에게는 평범한 영업자들과 다른 것이 있기 때문이다. 그는 항상 '내가 고객이라면 누구한테 살까?'라는 질문을 하면서 일을 한다.

나는 그렇게 일하는 사람을 알고 있다. 나는 차를 사기 위해 어느 수

입차 매장에 들렀다. 내가 매장에 들어서자 단정하게 정장을 입은 30대 초반의 남자가 자신감 있는 모습으로 인사를 했다. 그리고 "무슨 일로 오셨습니까?"라고 물었다. 나는 전시장에 마음에 드는 차가 있어서 차를 살펴보고 싶어 들렀다고 말했다. 그러면서 시운전도 해보면 좋겠다고 했다. 그러자 그는 내 말을 충분히 고려하여 필수적인 질문 몇 가지를 던졌다. 나에게 부담을 주지 않으면서 대화를 풀어가는 기술은 놀라울 따름이었다.

나는 그의 활달한 태도와 든든한 의사소통 방식에 깊은 인상을 받았다. 그는 만난 지 얼마 안 돼서 나를 도와주는 협력자 같은 인상을 주었다.

그는 나에게 운전석에 앉도록 권유했다. 그리고 자동차의 특별한 기능을 설명해 주었다. 운전석에 앉아 핸들을 잡고 있으니 마치 차 주인이 된 듯한 느낌을 받았다. 그때 그는 "차를 시운전 해보시겠습니까?" 하면서 내게 자동차 키를 건네줬다. 나는 운전을 하면서 '환상적인 드라이빙'과 '현실적인 필요'가 공존하는 것을 느꼈다. 그 영업자는 나에게 환상을 심어주었고 필요를 채울 수 있는 구체적인 제안도 해주었다.

내가 그에게 차를 구입했을까? 당연하다. 뒤늦게 안 일이지만 그는 회사에서 최고의 실적을 달성한 최우수 영업자였다.

고객은 매우 짧은 순간에 영업자가 신뢰할 만한 사람인지, 유능한 사람인지, 고객의 이익을 중요하게 고려하고 있는지를 판단하고 거래 여부를 결정한다. 영업을 할 때는 자신의 관점이 아니라 철저하게 고객의 관점에서 대응해야 한다. 그래야 고객의 기본 욕구를 해결해 주면서 판매로 연결시킬 수 있다.

어떤 영업자가 전화를 걸어 이렇게 말했다고 가정해 보자.

"저희 회사 상품을 이용하여 돈을 투자하는 방법을 알려 드릴까요?"

그러면 대부분의 고객은 십중팔구 이렇게 말할 것이다.

"아니요, 관심 없습니다."

그런데 어떤 영업자는 이렇게 말하면서 관심을 끈다.

"고객님, 자녀들이 대학을 졸업할 때까지 생활비, 교육비 부담을 덜어 드릴 수 있는 재테크 방법에 대해 알려 드리고 싶은데, 잠깐 통화하실 수 있습니까?"

"고객님, 은퇴하셨을 때 고객님이 바라는 여생을 보낼 수 있을 정도의 재산을 마련하는 방법에 대해서 알려 드리고 싶은데, 관심 있으세요?"

아마도 이런 제안은 쉽게 거절할 수 없을 것이다. 두 영업자는 무엇이 다른가? 한 사람은 자신의 관점에서 말했고, 다른 한 사람은 고객의 관점에서 말했다는 것이다. 영업자는 고객의 입장에서 생각하고 대응해야 한다.

백번이고 천번이고 감동할 때까지

나는 강의를 할 때마다 이렇게 묻는다.

"여러분의 월급은 누가 줍니까?"

사람들은 이런 소리를 수백 번이나 들어서 이미 알고 있다는 듯이 "고객이요!"라고 대답한다.

나는 다시 묻는다.

"월급을 사장님이 아니라 고객이 주는 게 분명 맞습니까?"

"네, 맞습니다!"

"그렇다면 고객이 감동할 때까지 백번이고 천번이고 서비스하기 바랍니다."

사람들은 이미 답을 알고 있다. 그런데 머리로만 알고 있을 뿐 몸과 마음으로 실행하지 않는 게 문제다.

판매 직후에 제공하는 선물, 구매에 대한 감사 DM, 생일이나 기념일 등에 일률적으로 보내는 카드나 문자, 연말에 의례적으로 보내는 연하장이나 안부 전화, 정기적으로 보내는 정보 자료 등에 감동하는 고객은 없다. 이것은 이미 정형화된 서비스가 되어버렸다.

그렇다면 어떻게 고객이 기대하는 것 이상의 서비스를 할 것인가? 나는 이런 고민을 하다가 TV에서 어느 판매업자들이 노인들에게 건강식품을 비싸게 속여서 팔다가 붙잡혔다는 뉴스를 보게 되었다. 노인들이 그것을 만병통치약인 줄 알고 샀을까? 아니다. "정말로 몸에 좋아요. 이거 먹으면 아픈 사람도 그다음 날 벌떡 일어날 수 있어요" 하면서 판매업자들이 말로만 꼬드겼다면 눈길 한번 주지 않았을 것이다. 어느 노인은 이렇게 말했다.

"그 정도는 비싼 게 아냐. 그 사람들은 노래도 불러주고 춤도 같이 추면서 우리 같이 외로운 늙은이들을 즐겁게 해줬어. 내 자식들은 한 번도 그렇게 해준 적이 없어."

영업자라면 이 말을 곰곰이 생각해볼 필요가 있다. 고객이 안고 있는 문제를 진심으로 해결해주고 있는가? 고객에게 즐거움을 주고 있는가? 고객에게 귀중한 가치를 전해주기 위해 진정으로 노력하는가? 혹시 감언이설로 팔려고만 하지 않는가?

강의를 하면서 사람들에게 "믿음이 가는 영업자는 어떤 사람인가요?"라고 물어본 적이 있다. 사람들의 대답은 비슷했다. 항상 밝게 웃으면서 친절하게 응대하는 사람, 고객의 문제를 자기 일처럼 나서서 해결해주는 사람, 고객을 섬세하게 챙겨주는 사람, 꼼꼼하고 정확하게 상품을 설명해서 신뢰를 주는 사람이라고 했다.

반대로 싫어하는 영업자는 이런 사람들이었다. 무성의하게 고객을 응대하는 사람, 부적절한 언행을 일삼는 사람, 팔려고 혈안이 되어 있는 사람 등이었다.

나는 고객을 대할 때 얼굴에 미소를 짓지 않고, 자신의 기분이 언짢다고 부적절한 언행을 일삼는 사람은 고객을 응대하는 자리에 있으면 안 된다고 생각한다. 고객은 활기차고 밝은 사람, 감동을 주는 사람에게 사고 싶어 한다는 사실을 잊어서는 안 된다.

심부름하지 말고 서비스하라

"직장 그만두고 식당이나 하지 뭐."

사람들은 식당 운영을 너무 쉽게 생각한다. 우리나라에서 안정적으로 수익을 내는 식당은 전국 55만개 식당 중에 3퍼센트도 안 된다고 한다. 그러니 음식을 맛있게 하면 손님이 찾아올 거라고 막연히 생각해서는 안 된다. 대여섯 명 입맛에 맞는 음식을 만드는 것과 백 명 정도의 손님을 상대로 음식을 만드는 것은 완전히 다르다. 식당을 해서 수익을 올리려면 시장을 철저히 분석하고, 월세, 재료비, 직원 한 명당 매출 등을 꼼꼼히 따져보아야 한다.

장사의 목적은 당연히 돈을 버는 것이다. 그런데 흥미로운 사실은 돈을 버는 것에만 목적을 두고 장사를 하면 절대로 돈을 벌 수 없다는 점이다. 장사가 안 되는 식당에 가면 조금이라도 이익을 챙기려고 재료비를 먼저 줄인다. 원가를 아끼려고 질이 나쁜 쌀이나 고기, 김치를 사다 쓴다. 오징어 두 개를 넣다가 하나로 줄인다. 그러니 고객들이 올 리가 없다. 장사가 안 되니까 메뉴에 문제가 있는 줄 알고 다른 메뉴를 늘리면서 더더욱 형편없는 음식을 제공한다. 고객은 귀신이다. 귀신을 속일 수는 없다.

예전에는 식당에 불만이 있거나 불편한 점이 있으면 혼자 삭이고 다시 가지 않는 것으로 끝냈지만 지금은 불만을 표현하는 매체나 수단이 많아졌다. 그래서 사람들이 북적대는 유명한 식당도 음식 맛이 예전 같지 않고 불친절하면 블로그나 SNS 등 다양한 매체를 통해 자신의 의견을 써서 사람들과 공유한다. 심한 경우에는 식당 문을 닫을 만큼 큰 타격을 주기도 한다.

장사가 잘되는 식당과 그렇지 않은 식당은 무엇이 다른가? 장사가 잘되는 식당은 음식이 맛있고 푸짐하며 가격도 싸고 서비스도 좋다. 특히 눈에 띄는 것은 아무리 바빠도 물이나 반찬 접시가 비어갈 때쯤 요구하지도 않았는데 슬그머니 갖다 놓는 것이다. 그들은 손님의 심부름을 하는 게 아니라 사전 서비스를 하고 있다. 요구하기 전에 서비스를 하니 손님들이 감동할 수밖에 없다. 그런데 장사가 안 되는 식당은 손님이 불편한 것을 이야기하고 나서야 거기에 대응한다. 능동적인 서비스와 수동적인 서비스는 하늘과 땅 차이이다.

평생고객을 만드는 방법은 의외로 쉽다

장사가 잘되던 멀쩡한 가게가 주인이 바뀌면서 망하기도 하고, 망해가던 가게가 주인이 바뀌면서 떼돈을 벌기도 한다. 이 사람이 하면 흥하고 저 사람이 하면 망하는 게 장사다.

얄팍한 장삿속으로 가게를 운영하면 안 된다. 모든 일을 대차대조표의 관점에서 보게 되면 고객과 좋은 관계를 맺을 수 없다. 고객들에게 '뭔가 얻은 게 많다'는 느낌을 주어야 한다. 고객이 왜 돈을 지불하는지를 정확히 알고, 고객이 원하는 것이 무엇인지 생각하고 그것을 어떻게 해야 충족시킬 수 있는지 연구하는 사람은 반드시 성공한다.

평생고객을 만드는 방법은 의외로 쉽고 간단하다. 고객을 졸도시킬 만큼 서비스를 잘하면 좋은 소문이 나서 장사가 잘된다. 고객은 자신이 기대한 수준의 서비스를 받았을 때 만족을 하고, 전혀 예상치 못했던 서비스를 받았을 때 감동을 한다. '만족'에서 '감동' 수준으로 서비스를 끌어올려야 살아남을 수 있다.

장사를 잘하는 사람들은 마인드가 다르다. 그들은 음식을 판다고 생각하지 않고 손님에게 음식을 대접한다는 마음가짐을 가지고 있다. 그래서 손님들의 기분과 마음을 살피고 사소한 행동도 눈여겨보기 때문에 능동적인 서비스를 제공할 수 있는 것이다.

그런데 장사가 안 되는 식당은 손님이 시킨 음식을 만들어 가져다주면 할 일을 다 했고 이제 돈만 받으면 된다고 생각한다. 그래서 식당 주인은 카운터에서 신문을 보거나 계산기를 두드리고, 직원들은 TV 드라마를 보는 데만 열중한다. 그러니 장사가 잘 될 리가 없다.

식당을 하는 사람은 음식을 파는 게 아니라 대접한다는 마음가짐을 가져야 한다. 그래야 한 번 찾아온 사람을 평생고객으로 만들 수 있다.

고객이 상상하도록 유도하라

영업자들은 자신이 판매하는 상품이나 서비스가 얼마나 훌륭한지에 대해 열정적으로 설명을 한다. 하지만 이런 설명만으로는 십중팔구 좋은 성과를 거두기 어렵다.

영업자는 물건을 고객에게 판매하기보다는 고객이 스스로 사도록 만들어야 한다. 영업자가 판매하려고 애쓰지 않아도 고객이 스스로 사겠다고 하면 얼마나 좋은가. 고객이 스스로 전화를 해서 찾아오겠다고 하면 얼마나 좋은가. 이런 영업이야말로 최고의 영업이다.

그렇게 되려면 어떻게 해야 할까?

그것은 아주 간단하다. 고객이 필요로 하는 상품과 서비스를 구매했을 때의 기분 좋은 일을 상상하도록 만들면 된다. 고객이 행복한 마음이 들면 자신이 원해서 스스로 물건을 구매한다. 이 방법은 판매를 강요하는 것이 아니므로 언제든지 고객이 다시 찾아올 여지가 있다.

미국의 한 연구팀은 이런 실험을 했다. 화장품을 판매하는 직원에게 고객이 기분 좋은 상상을 할 수 있는 말을 알려주고 그 말을 들은 고객들의 반응을 살폈다. 화장품 직원은 고객들에게 이렇게 말했다.

"서로 스쳐 지나간 사람에게도 당신을 느끼게 만들어야 합니다."

"아내가 아닌 다른 여성을 느낄 수 있습니다."

이렇게 말하자 고객들은 기분 좋은 장면을 연상하면서 즐거워하고 행복해했다. 그리고 지체 없이 화장품을 샀다.

고객 스스로 행복한 상상을 하게 만드는 것은 효과가 매우 높다. 영업자는 고객이 기분 좋은 상상을 하도록 유도해야 한다. 그러면 고객이 먼저 다가올 가능성이 높다.

이성보다는 감성에 호소하라

여성들의 사회 진출이 늘어나면서 정치, 사회, 경제 등 각 분야에서 여성들의 활동이 두드러지고 있다. 가정에서도 남편에게 의존적인 주부가 아니라 가계를 책임지고 수입과 지출 관리를 하고 있으며 대부분의 구매 결정을 하고 있다. 이제는 여성의 심리를 모르고서는 판매를 할 수 없는 시대가 되었다.

여성을 대상으로 판매를 할 때는 '배려, 이해, 존중, 헌신, 확신, 칭찬, 격려, 가치' 등의 단어를 염두에 두고 그에 맞게 적절히 대응해야 한다. 특히 시각적 자료를 많이 활용하여 설명을 하고 종이에 쓰면서 이해를 도우면 판매할 가능성이 높아진다. 특히 여성은 논리적이기보다는 감성적이므로 감정을 흔드는 말이나 태도에 각별히 신경을 써야 한다.

여성 고객이 가장 흥미롭게 생각하는 주제는 '자신이 얼마나 아름다운가'에 대한 얘기다. 그래서 화장품을 팔더라도 처음부터 "이런 화장품이 있는데 한번 써보세요" 하면서 권하는 것보다는 외모나 패션을 칭찬하면서 "지금도 아름답지만 더 아름다워지는 특별한 화장품이 있습니다" 하면서 접근하는 것이 더욱 효과적이다. 여성은 아름답다, 패션 감각이 뛰어나다고 칭찬하면 관심을 갖기 시작한다. 그리고 여성은 관계지향적이므로 관점을 바꾸어서 "아름다워지는 것은 손님께도 좋은 일이지만 애인(또는 남편) 되시는 분을 기쁘게 하는 일입니다"라고 말하면 설득 효과를 높일 수 있다.

여자는 남자와 너무 다르다. 여자는 비싼 꽃을 사서 "이 꽃 받아" 하는 식으로 주면 오히려 돈을 가치 없게 쓴다고 타박을 준다. 꽃 하나를 선물하더라도 전혀 기대하지 않은 상황에서 스토리가 있는 이벤트를 드라마틱하게 해줄 때 감동을 받는 것이 여자다. "여보, 오늘 꽃집을 지나는데 당신 생각이 나서 하나 샀어. 내가 당신을 얼마나 사랑하는지 알지?" 하면서 꽃을 주고 안아주면 여자들은 더할 수 없이 감동한다. 여자를 움직이는 선물은 바로 이런 것이다.

어느 자동차 영업자는 차가 출고되면 여성 고객에게 사탕 목걸이와 카드를 핸들에 매달아 선물한다. 카드에는 이렇게 씌어 있다. "○○○ 고객님, 신차 구입을 축하드립니다. 안전 운행하시고 행복하세요. 앞으로도 고객님의 행복한 운행 도우미가 되겠습니다. 불편한 점이 있으시면 언제든지 연락주십시오."

이 같은 선물은 특별한 느낌을 전달하여 효과를 톡톡히 발휘한다.

영화 〈식객〉에 "음식은 혀끝이 아니라 가슴으로 느끼게 하라"는 대사가 나온다. 이 말을 판매와 연결 짓는다면, '여성 고객은 머리가 아니라 가슴으로 접근해야 감동시킬 수 있다'가 될 것이다. 여성은 다른 데서 받지 못한 특별한 경험을 하고, 기대하지도 않았던 뜻밖의 서비스를 받았을 때 감동한다. 특히 여성 고객은 감동하면 혼자 간직하지 않는다. 자신이 받은 감동을 주변 사람들에게 적극적으로 전해준다. 여성 고객은 상품의 특성, 편익 중심의 접근법에 감성을 흔드는 전략도 필요하다는 것을 염두에 두어야 한다. 가장 강력한 호소는 머리보다는 가슴에, 이성보다는 감성에 호소하는 것이다.

따라서 효과적인 판매를 하려면 이성적인 접근보다는 감성에 호소해야 한다. 고객이 돈을 내고 상품을 사는 까닭은 욕구(이성)를 느끼기도 하지만 개인적인 친분, 감정, 모방과 경쟁 등 감정적인 요소로 인해 구매가 이루어지는 경우가 많다. 어떤 학자는 고객은 95% 감성과 5%의 이성으로 결정한다고 했다. 사람은 누구나 마음이 풀어진 후에 상품이 제시되었을 때 저항 없이 받아들인다. 물건을 팔려는 욕심은 접어두고 먼저 고객의 감성을 터치하고 고객의 심리를 해결하며 고객과의 관계를 우호적으로 만들어야 한다. 상식에 배려를 더하는 것이 감성이다. 사람은 감정으로 구매하고 이성으로 구매 사실을 정당화한다. 이 사실을 명심하기 바란다.

주인공은 상품이 아니라 고객이다

고객들은 현란한 말솜씨로 정신을 쏙 빼놓으면서 물건을 사라고 종용하는 사람들을 전형적인 영업자로 생각하고 있다. 언제나 팔려고 하는 욕심을 앞세우면 그저 평범한 영업자로 남게 된다. 조바심을 낼수록 고객은 경계심을 갖는다. 자꾸 권하면 왠지 싫어지는 게 사람의 보편적인 심리다.

영업자는 고객의 문제에 대해 더 많은 이야기를 해야 하며, 화제의 초점이 계속 고객을 향하도록 해야 한다. 세계적인 컨설턴트 브라이언 트레이시는 이렇게 말했다. “고객에게 당신의 제품을 팔고 싶은가? 그렇다면 제품을 빛나게 해서는 안 된다. 언제 어디서나 고객이 빛날 수 있는 방법을 모색해야 한다.”

이 원칙은 대단히 중요하다. 이것만 기억한다면 영업은 아주 쉽다. 이것은 영업자의 철학이 되어야 한다. 영업의 고수는 고객들이 무엇을 원하는지 알아낸 뒤 그것을 얻을 수 있게 도와준다. 고객은 자신의 문제를 해결해 주려고 노력하는 영업자에게 마음의 문을 연다.

고객의 이득을 가치로 보여주라

고객의 구매 동기는 대부분 문제를 해결하기 위해서다. 목수가 고가의 기계톱을 사는 이유는 목재를 정교하게 자를 수 있고 그로 인해 인건비도 절약할 수 있기 때문이다.

영업의 고수는 자동차, 세탁기, 골프채, 볼트, 보험 등을 팔지 않는다. 영업자가 물건을 팔지 않다니 그것이 무슨 말인가, 하고 의아하게 여길지도 모르겠다. 열쇠수리공이 자물쇠를 팔지 않고 안전을 팔 듯이, 그들은 물건을 팔지 않고 낮은 고장률, 적은 수리비, 더 경제적인 연비, 더 높은 예금이자, 향상된 출력, 더 경제적인 에너지 사용, 더 향상된 비거리 등을 판매한다. 영업자는 상품을 구매함으로써 고객이 돈을 벌 수 있도록 해주고 고객의 이득을 가치로 환산해 보여주어야 한다.

영업자는 상품 자체를 파는 것이 아니라 그 상품이 가져다 줄 눈에 보이지 않는 것들을 팔아야 한다. 그것은 감정적인 즐거움이거나 눈에 보이지는 않지만 실제적인 이익이다. 이상, 감정, 희망, 안전, 만족을 팔아라.

세미나를 적극 활용하라

나는 영업을 할 때 다양한 고객을 대상으로 세미나를 열었고 나만의 컨설팅 기법을 접목하여 많은 실적을 올렸다.

세미나는 특정 분야에 전문적 식견을 갖춘 10~40명 정도의 권위 있는 전문가들에 의해서 수행되는 토의 방식이다. 영업에서 세미나 방식이 인기를 끌고 있는 것은 한 번에 만날 수 있는 고객 수가 많아 집중적인 영업활동을 할 수 있기 때문이다.

세미나 영업에는 이런 장점이 있다.

첫째, 많은 고객을 한 번에 접할 수 있어서 매우 효과적이다.

둘째, 가망고객이 간접적으로 충분히 교육을 받기 때문에 상담 효과가 매우 크다.

셋째, 세미나에 참석하는 고객들에게 전문가로서의 이미지와 신뢰감을 심어줄 수 있다.

넷째, 고객의 정보를 쉽게 파악할 수 있다. 예를 들어, 고객 이름, 연락처, 관심사항을 알 수 있고 고객의 니즈를 확인할 수 있다.

그렇다면 세미나는 어떻게 제안해야 할까?

세미나 제안 방법은 다음과 같다.

- 세미나 대상 조직에 대해 사전 정보를 파악하고 방문한다.
- 세미나를 할 수 있는 시간적, 공간적 여건이 되는지 파악한다.
- 과거에 세미나를 해본 경험이 있는지 파악한다.
- 담당자가 개인적으로 세미나를 하고 싶도록 니즈를 환기시킨다.
- 세미나 제안서에 주요 강의 내용과 기대 효과를 설명한다.
- 최종 의사 결정권자가 누구인지 파악한다.
- 결정권자와의 면담 또는 브리핑 기회를 제공해 줄 것을 요청한다.
- 검토 기한을 정하고 전화 약속을 한다.

세미나를 제안할 때 필요한 대화의 기술을 사례를 들어 설명해보겠다.

영업자: 과장님, 안녕하십니까?

과장: 어디서 오셨습니까?

영업자: 예, 저는 자산관리사 이정훈입니다.

과장: 무슨 일이시죠?

영업자: 다름이 아니라 임직원들을 위한 재테크 세미나 개최 건과 관련하여 안내장을 드리고자 찾아뵈었습니다. 저희 회사는 최근에 기업 임직원을 대상으로 재테크 세미나를 실시했는데 그 결과 직원 분들이 대단히 만족하고 계십니다. 임직원의 재정 안정은 기업의 생산성과도 직결되는 중요한 부분이 아니겠습니까? (세미나 제안서를 보여주면서) 혹시 이러한 내용에 관하여 검토해 보신 적이 있으십니까?

과장: 아니요. 처음 봅니다.

영업자: 그렇지요. 업무가 바쁘다 보니 대부분의 직장인들이 중요한 줄 알면서도 놓치고 있는 부분입니다. 회사에서 직원들이 미래를 설계하고 재테크를 효과적으로 할 수 있는 기회를 준다면 직원들은 회사의 배려에 매우 고마워할 것입니다. 직장생활의 만족도가 높아져 보다 열심히 일할 수 있을 것입니다. 이런 취지에서 직원들에게 제가 도움을 드릴 수 있을 것 같습니다.

과장: 그렇군요.

영업자: 어떻습니까?

과장: 도움이 될 것 같은데요.

영업자: 예, 만약에 이와 같은 내용을 본격적으로 검토한다면 부서장님이 세미나 진행 여부를 결정하시나요, 아니면 그 윗분까지 결재를 올려야 하나요?

과장: 저희 부장님이 결정하실 수 있을 것 같은데요.

영업자: 실례지만 부장님 성함이 어떻게 되시는데요?

과장: 김태호 부장님입니다.

영업자: 그럼, 제가 부장님을 한번 만나 뵈어도 될까요?

과장: 아니요. 제가 부장님께 보고를 드리겠습니다.

영업자: 알겠습니다. 그럼 제가 다시 전화를 드리겠습니다. 감사합니다.

세미나 영업을 하기 위해서는 기본적인 지식뿐 아니라 여러 사람 앞에서 효과적으로 강의하고 개별 면담까지 연결시킬 수 있는 능력이 있어야 한다. 또한 펀드와 보험을 포함한 개인별 맞춤 포트폴리오를 고객이 자발적으로 받아들이도록 하는 설득력까지 겸비해야 한다. 다시 한 번 말하지만 세미나 영업을 성공시키는 핵심은 자신감이다.

자료 준비

- 마케팅 전략을 포함하라.
- 스토리를 만든다.
- 다른 회사나 경쟁자를 비난하거나 헐뜯지 마라. 당신이 아는 좋은 점에 대해서만 이야기하라. 경쟁자를 칭찬하라. 고객들은 경쟁 회사에 대한 당신의 지식과 그들을 칭찬하는 태도에 오히려 감명을 받을 것이다.
- 리스트를 더블 체크한다.
- 스피치를 더 강하고 힘차게 할 수 있도록 준비하고 너무 슬라이드에 의존하지 마라.
- 유머를 포함시켜라.
- 즉시 사후 점검을 실시할 수 있는 자료를 포함한다.

주제 선정

- 참석자의 니즈에 부응하는 주제를 선정하여 파워포인트로 작성한다.

- 주제를 선정한 후에는 통계 조사, 인터넷 채팅 사이트, 협회지, 특정 단체 뉴스레터 등을 참조하여 연구한다.
- 이익을 우선적으로 생각하라. 특징은 차선이다. 지나친 정보 주입식 세미나는 하지 마라. 참석자의 눈높이에 맞는 주제로 이익, 꿈, 희망, 가치 등이 담긴 내용을 준비하는 것이 좋다.

진행 과정

- 최대한 조직적으로 절도 있게 움직여라.
- 30분 전에 도착하여 빔 프로젝트를 설치한다.
- 개최 인사말을 한 후 세미나를 시작한다.
- 10분 정도 회사 소개 동영상을 보여준다.
- 강사 소개와 함께 재테크 강연을 시작한다.
- 강연 시간은 30분이 적당하다.
- 강연 종료와 함께 설문지를 배포하고 회수한다.

사후 점검 활동

- 전화하라. 참석자에게 전화를 걸어 “와주셔서 대단히 감사합니다”라고 인사하고, 참석하지 않은 사람에게는 “세미나에서 만나 뵙지 못해 무척 아쉬웠습니다”라고 아쉬움을 전달한다.
- 편지, 이메일을 보낸다.
- 질의서를 보낸다.

• 개별 요청 자료를 보낸다.

미국에서 영향력 있는 경영자로 손꼽히는 시드니 프리드먼은 이렇게 말했다. "물고기가 보트 위로 직접 뛰어들게 하라. 가망고객이 꾸준히 흘러 들어오게 할 가장 좋은 방법은 그들이 당신을 직접 찾도록 하는 것이다."

고객이 당신을 찾아오게 하는 방법 중 가장 효과가 뛰어난 것은 세미나 영업이다. 세미나 영업의 성공은 뚜렷한 목적의식과 구체적이고 세세한 준비, 그리고 목적지에 도달하겠다는 결의에 달려 있다.

3장

고객이 반하게 하라

THE ART OF SALES

팔지 말고 사게 하라!

고객은 관리 대상이 아니라 가족이다

미국품질관리협회에서 조사한 바에 따르면, 고객이 이탈하는 이유 중 68퍼센트는 매장 직원의 불친절에 대한 불만이었고, 14퍼센트는 제품에 대한 불만, 9퍼센트는 가격에 대한 불만이었다. 고객이 떨어져 나가는 가장 큰 이유가 제품에 대한 불만이 아니라 매장 직원의 불친절 때문이라는 것은 시사하는 바가 크다.

나는 영업을 할 때 식당이나 사무실에 가면 그곳이 번창할지 곧 망할지를 금방 알 수 있었다. 잘되는 식당은 손님을 정감 있게 대하고 단골 손님의 식성도 알고 있다. 한마디로 손님을 알아봐준다. 이런 관심은 손님이 스스로 찾아오게 만든다.

사무실도 마찬가지다. 어떤 회사는 문을 열고 들어서면 직원들이 누가 들어오는지 나가는지 아예 쳐다보지도 않는다. 그렇다고 일에 열중하고 있는 것도 아니다. 사무실을 둘러보면 서류나 비품들이 정리되어 있지 않고 탁자에도 먼지가 쌓여 있다. 어쩌다 전화라도 하면 인사말도 없이 따지듯이 툭툭 내뱉는다. 그러다가 몇 달 뒤에 가보면 이미 문을 닫았다고 한다.

아주 오래전에 어느 통신회사에서 받은 카드에는 이런 문구가 있었다.

고객님이 계시기에 오늘의 저희가 있습니다.

고객님의 행복이 바로 저희의 행복입니다.

고객님이 웃으실 때 저희는 가장 행복합니다.

고객님의 행복을 위하여 오늘도 땀 흘리며 노력하겠습니다.

오늘의 이 영광, 모두 고객님의 성원 덕분입니다.

고객을 가족처럼 생각하고 관심을 갖는 것, 그 이상의 영업은 없다. 고객을 단순히 '관리 대상'으로 생각한다면 고객의 마음을 움직일 수 없다. 그러나 고객이 가족이라는 생각으로 다가서면 거래관계가 아닌 인간적인 관계를 만들 수 있다. 영업의 고수는 고객을 아버지와 어머니, 형제, 자매 같이 가족으로 여긴다.

진정성에 반하게 하라

나는 영업을 남녀 간의 사랑에 비유해서 설명하곤 한다. 남자는 사랑하는 여자의 마음을 얻기 위해 진심으로 정성을 쏟는다. 그러나 여자는 남자가 매력이 없으면 거절한다. 첫눈에 반했더라도 남자에게 선뜻 좋다고 말하지 않는다. 그럴수록 남자는 애가 탄다. 여자는 '이 남자가 정말 나를 행복하게 해줄 수 있을까'를 고민한다. 그럴 때 남자는 차근차근 여자에게 확신을 심어주어야 한다. 그런데 어떤 남자는 아직 마음을 열지도 않은 여자의 손을 불쑥 잡으려고 한다. 그러면 여자는 무례한 남자의 행동 때문에 다시는 만나주지 않는다.

고객도 이와 마찬가지다. 고객은 심술쟁이 애인과 같다. 날마다 사랑을 속삭여주고 날마다 새롭고 재미있는 일을 만들어 주어야 좋아한다. 또 고객은 변덕쟁이 애인과 같다. 금방이라도 사랑한다고 말해줄 것 같다가도 어느 순간 마음이 싸늘하게 식어버리기도 한다. 조금만 소홀히 대하면 금세 토라져서 다시는 안 보겠다고 한다. 하지만 그것은 조금 더 관심을 보여 달라는 것이고, 조금 더 이야기를 들어 달라는 것이다.

이렇게 심술 많고 변덕스러운 애인을 달래는 것은 쉬운 일이 아니다. 그렇다고 사랑하는 사람이 조금 심술을 부리고 조금 변덕스럽게 행동한다고 포기할 수는 없는 노릇이다. 고객은 첫눈에 반하지 않는다. 영업자가 모든 걸 바쳐야 그 마음을 얻을 수 있다. 진심으로 고객을 대하고 진심으로 사랑해야 한다. 그래야 연인들처럼 알콩달콩 지낼 수 있다.

영업자들이 착각하는 것 중에 하나는, 자신이 그럴싸한 제안을 하면 고객이 구매한다고 생각하는 것이다. 고객이 진정으로 원하는 것이 무엇인지도 모르면서 어떻게 그럴싸한 제안을 할 수 있는가? 고객의 잠재 욕구를 무시한 채 떠밀다시피 구매를 강요하는 것은 영업자의 상술, 그 이상도 그 이하도 아니다. 고객의 요구를 제대로 듣지 않고 자신의 주장이나 제안만 들이밀어서는 절대로 판매할 수 없다.

어느 보험 영업자는 쉴 새 없이 전화를 하고 사무실로 찾아오면서 고객에게 눈도장을 찍는다. 물론 상품을 팔려면 그렇게 해야 한다. 그런데 문제는 약속도 하지 않은 채 불쑥 찾아와서 당황하게 만들고 상품 가입을 종용하는 것이다. 고객은 이렇게 무례한 영업자를 잡상인 취급한다.

일반적으로 회사에서는 영업 교육을 이렇게 한다. "세상에 못 만날 사람은 아무도 없다. 열 번 찍어 안 넘어가는 나무도 없다. 우리가 판매하지 못하는 것은 더 노력하지 않기 때문이고 먼저 포기하기 때문이다. 열 번 찍어 안 넘어가면 한 번 더 찍어서 넘어뜨려라."

틀린 말은 아니다. 고객을 감동시키려면 끈기와 인내심이 필요하다. 하지만 그 전에 중요한 것 한 가지를 놓쳐서는 안 된다. 관계 영업을 할 때는 진정성이 있어야 한다. 여러 번 만나 친분을 쌓았다고 해서 제품을 선뜻 구매하는 고객은 없다. 친분이 있더라도 상품의 효용성, 영업자의 진정성을 인정받아야 구매로 연결된다. 친분만 내세워 구매를 강요하면 역효과가 나기 쉽다. 진정한 고객 감동은 고객의 요구를 듣고 고객의 마음을 활짝 연 다음부터 시작되는 것이다. 감동이 판매로 이어졌다고 해도 그것이 상품이나 서비스 자체에 감동한 것이 아니라면 진정한 고객만족으로 볼 수 없다.

프로의 매력에 반하게 하라

장사가 잘되는 식당에 가면 메뉴가 간단하다. 이런 식당에 가면 손님들은 메뉴판을 보면서 '뭘 먹을까?' 고민하지 않는다. 자리에 앉자마자 "여기 김치찌개 두 개요!"라고 말할 뿐이다.

마포의 어느 식당은 손님들이 자리에 앉으면 "하나, 둘이요!"라고 말한다. 그것은 이 식당의 최고 인기 메뉴인 '계란말이 하나와 청국장 두 개'라는 의미다. 사람들은 청국장이나 계란말이를 먹고 싶으면 이 식당을 떠올린다.

영업의 고수는 자신이 판매하는 상품이 다른 상품들 속에서 독점적 위치를 갖도록 애를 쓴다. 그는 "나에게는 특별한 비법이 있다"고 자기 입으로 말하지 않는다. 언론이나 입소문을 통해 그를 알게 된 사람들이 스스로 찾아오게 만든다.

영업의 고수는 이처럼 자신의 명성을 쌓는 일에 주력하고 있다. 어느 영업자는 자기 이름값을 높이기 위해 신문, 잡지, 사보, 인터넷 포털사이트에 칼럼을 기고하고, 블로그, 카페, SNS 등에서 전문가로 활동하고 있다. 책을 출판하고 세미나에서 강의를 하고 방송 프로그램에 패널로 참여하기도 한다. 물론 이런 일은 최고 전문가라는 평가를 받아야 하고, 글을 잘 쓴다든지, 말을 설득력 있게 잘 한다든지 하는 능력을 겸비해야 가능하다.

또 어느 영업자는 신문, 방송, 교육기관 등에 우호적인 인맥을 구축해서 명성을 높이고 있다. 그는 인맥 만들기에 적극적이어서 고객 발굴뿐만 아니라 든든한 후원자도 함께 얻어 일석이조의 효과를 보고 있다.

나는 이런 점에 착안하여 10년 전부터 주경야독하면서 책을 쓰기 시작했다. 대기업 사보나 잡지에도 칼럼을 썼다. 그런 덕분에 대기업 교육담당 임원이나 고객들에게 책을 읽어보라고 주면서 신뢰를 얻을 수 있었다. 또한 대중 강연을 통해서 비즈니스를 같이 할 사람들을 모집할 수 있었고, 언론 홍보를 이용하여 미디어에 노출되는 기회를 마련했다. 영업자가 명성을 쌓는 것은 가장 강력한 마케팅 수단이 될 수 있다.

고객들이 영업자에게 호감을 느낄 때, 유능한 프로라고 생각할 때 최고의 판매력을 가질 수 있다. 고객들이 영업자의 이름을 들을 때 떠올려야 하는 단어는 '친절하고, 해박하며, 자신감 있고, 도움이 되며, 성실하고, 사려 깊다'는 것들이다. 이러한 단어들이 바로 프로를 대변하는 것이다. 그러면 굳이 고객을 찾아 나서지 않아도 고객들이 스스로 찾아오게 된다.

자신감에 반하게 하라

사법고시에 합격한 사람들의 출신대학 현황을 보면 서울대, 연세대,

고려대 출신이 압도적으로 많다. 가만히 보면 그들은 자기 머리가 좋다는 확신이 있고 "내가 아니면 누가 합겠하겠냐"라는 자신감도 가지고 있다. 때문에 한두 번 낙방해도 다시 도전하는 에너지가 고갈되지 않는다. 고시 3관왕이었던 고승덕 변호사는 "일단 안 된다고 생각하는 85퍼센트의 사람들은 이미 경쟁상대가 아니다"라고 했다. 이는 달리 말하면 '나는 성공한다'는 자신감만 있으면 무슨 일에 도전하든지 85퍼센트는 이기고 들어간다는 말이다.

"자랑거리 많은 집에 구경꾼이 많다"는 말이 있다. 자신을 PR하는 데 열심을 내는 사람에게는 자신감이 있다. 사람들은 그런 이를 보면 '자랑할 만하니까 자랑하겠지'라고 생각한다. 영업을 잘하는 사람들의 공통점은 자신감이 있다는 것이다.

나는 영업을 하기 전에는 내성적이고 매우 소극적인 사람이었다. 그런데 영업을 하면서 자신감을 갖게 되었다. 고객을 만나기 전에 나는 이렇게 생각했다. '밑져야 본전이다. 말 한마디라도 건네보자.' 무슨 일을 하더라도 적극적인 도전 자세와 자신감은 매우 중요하다. 고객에게 번번이 거절을 당하면 결국에는 소극적으로 변하기 쉽다. 그리고 한번 잃은 자신감을 되찾기까지는 상당한 시간이 필요하다. 그러나 '밑져야 본전이다'라고 생각하면서 고객에게 말 한마디라도 붙이려고 노력하면 마음이 가벼워지고 밝은 표정으로 영업을 할 수 있다.

고객은 영업자의 첫인상을 통해 신뢰 여부를 결정한다. 이때 중요한 것은 영업자의 자신감이다. 영업자는 상품 자체를 파는 것이 아니라 '상품의 효용과 가치'를 자신감으로 파는 것이다. 또한 영업자는 고객이 문제를 해결할 수 있는 아이디어를 팔기도 한다. 고객에게 상품을 권유할 수 있는 제안력도 영업자에게는 필요하다. 따라서 영업자는 자신감을 가지고 당당하게 팔아야 한다.

영업의 고수는 계약을 성사시켰을 때 고객이 만족감을 갖도록 더 당당한 모습을 보여준다. "고객님, 축하드립니다. 고심 끝에 허락해 주셔서 감사드립니다. 계약하느라 고생한 저에게도 꼭 밥 한 번 사셔야 합니다. 하하."

이처럼 당당한 영업자는 고객의 신뢰를 얻는다.

열정에 반하게 하라

영업을 시작한 지 얼마 안 되었을 때의 일이다. 어느 고객으로부터 전화가 걸려 왔다. 잠재고객을 소개해 주는 반가운 전화였다. 나는 소개 받은 고객을 만나기 위해 거제도로 갔다. 고객은 그곳 회사에 근무하는 스물여섯 살의 미혼 여성이었다. 아침 일찍 배를 타고 세 시간은 족히 걸려 찾아갔는데 휴게실에서 만난 고객은 쌀쌀맞게 이렇게 말했다.

"친구가 하도 권해서 얘기나 한번 들어보겠다고 했어요. 그런데 어쩌죠. 갑자기 일이 생겨서 5분밖에 시간을 낼 수가 없네요."

조금 황당했다. 나는 단도직입적으로 질문을 했다.

"고객님은 언제쯤 결혼하실 생각입니까?"

"결혼이요? 지금은 전혀 계획이 없는데요. 하게 되면 5년 뒤에나 할 거예요."

"그럼, 5년 후에 결혼하시면 보험이 필요하다고 생각하십니까?"

"네, 물론이죠. 가족을 위해서 그때 가입할 거예요."

"그런데 지금은 왜 가입하지 않습니까?"

"아직 미혼이고 보험에 들 돈이 있으면 차라리 저축을 하는 것이 더 낫다고 생각해요."

나는 고객의 답변을 듣고 두 가지 생각을 했다. 하나는 고객이 미래의 가족을 위한 보험의 필요성은 인정한다는 것이고, 또 다른 하나는 보험보다 저축을 선호한다는 것이다. 이 두 가지를 모두 만족할 수 있는 상담을 해야 했다.

"고객님, 저축을 선호하시는 마음은 충분히 이해합니다. 저축을 많이 해서 미래에 더 윤택한 생활을 하려는 것 아닙니까?"

"그야 당연하죠."

"만약 고객님께서 지금 보험에 가입하지 않고 5년 뒤에 보험을 가입하시면 매월 오른 보험료를 내셔야 되기 때문에 오히려 손해입니다."

"손해라니요? 그게 무슨 말이죠?"

"총 보험료로 더 내셔야 될 손해 금액은 천만 원 정도 됩니다."

여성은 어리둥절한 표정을 지었다.

"천만 원을 저축하려면 매월 20만 원을 4년 간 저축해야 합니다. 그

큰돈을 손해 보시면서 보험을 5년이나 미뤄 가입하시겠습니까?"

어디 들어나 보자는 표정으로 시큰둥하게 앉아 있는 고객을 두고 나는 내친김에 친구 얘기를 꺼냈다.

"제 친구는 스물다섯 살 때 결혼을 앞두고 뺑소니 사고를 당해 지금까지 병원에서 치료를 받고 있습니다. 2년 동안 치료비가 6천만 원 정도 들어갔습니다. 그 친구는 결국 결혼도 못하고 치료비도 구하지 못해 홀어머니가 치료비를 마련하느라 고생을 하고 있습니다. 참으로 안타까운 일 아닙니까? 사고나 질병은 나이에 상관없이 찾아올 수 있습니다."

내 친구가 그렇게 되리라고는 아무도 생각지 못했다. 사고나 질병은 나뿐만 아니라 가족 모두에게 정신적 경제적 고통을 준다. 고객에게 5년 뒤에 사랑하는 가족을 위해 보험에 가입하지 말고 지금 부모님을 위해 가입을 해야 한다고 설명했다.

"지금부터 보장을 받으시면서 천만 원을 덜 낸다면 일석이조인데 지금 가입하지 않을 이유가 있겠습니까?"

고객은 잠깐 동안 말이 없었다. 그러나 마음의 동요를 금방 다스리는 듯했다. 5분이 지나자 그녀는 말했다.

"약속드린 5분이 다 지났네요. 필요하면 제가 연락드릴게요."

고객은 인사를 가볍게 하고 자리에서 벌떡 일어서더니 나가버렸다. 세상에, 이렇게 쌀쌀맞은 사람이 다 있을까 싶었다. 몹시 허탈했다. 다시 배를 타고 3시간 걸려 사무실로 돌아왔다.

나는 그날 밤에 그 여성 고객에게 편지를 썼다. 마치 친동생에게 편지를 쓰듯 내 진심을 전달하려고 노력했다. 그런데 편지를 보내고 일주일이 지나도 아무런 연락이 오지 않았다. 그녀에게 전화를 걸었다.

"필요하면 제가 연락드린다고 했잖아요."

그러고는 전화를 뚝 끊어버렸다. 찬바람이 쌩하고 돌았다. 나는 전화가 끊긴 상태로 한참 동안 수화기를 들고 있었다. 그렇다고 포기할 수는 없었다. 다음날 또 전화를 했으나 역시 차가운 목소리였다.

"업무가 바쁜데 왜 전화해서 피곤하게 하세요."

나는 일주일 후에 이번이 마지막이란 마음으로 전화를 했다. 그리고 이번에는 상대가 전화를 끊기 전에 내가 먼저 재빨리 말을 이어갔다.

"고객님, 제가 꼭 말씀드릴 게 있습니다. 만약 고객님이 제 친동생이었다면 제가 어떻게 했을까요? 가장 값지고 중요한 것은 가족들에게 가장 먼저 알립니다. 지금 제 심정이 그렇습니다."

나는 계속해서 말을 이어갔다.

"보험에 가입을 하시든 안 하시든 고객님 선택이지만 제 가족이라면 선택을 묻지도 않았겠죠. 만약 고객님이 사고를 당하거나 질병으로 아프게 되면 부모님과 형제들이 겪게 될 정신적 고통과 경제적 부담을 생각해 보셨습니까? 저는 제 가족들도 보험을 싫어하지만 모두 고객으로 만들었습니다. 보험은 나와 가족을 위해 불확실한 미래를 준비하는 최소한의 안전장치입니다. 안전벨트 없는 자동차나 구명조끼 없는 보트를 타시겠습니까? 생명을 걸면서 굳이 위험한 것을 타려는 사람은 없을 것입니다."

고객이 아무 말 없이 듣고 있어서 나는 계속 말을 이어갔다.

"자동차도 보험을 드는 마당에 자동차보다 귀한 나와 가족의 생명을 위해서 보험을 미루는 것은 어리석은 일 아닙니까? 정말 자신과 가족을 사랑하신다면 지금 준비하시기를 권유합니다."

그녀는 기분 나쁜 목소리로 말했다.

"제 일은 제가 알아서 합니다. 더 이상 전화하지 마세요."

할 말을 다하고 나니 속은 후련했다. 힘이 쭉 빠진 상태에서 앉아 있다가 또다시 이런 고객을 만나면 어떻게 대처해야 할지 곰곰이 생각해 보았다.

그로부터 며칠 후, 한 통의 전화가 걸려 왔다. 귀에 익은 여성의 목소리였다.

"이정훈 설계사님이시죠? 제가 보험에 가입하고 싶은데 거제도까지 와 주실 수 있나요?"

뜻밖의 일이었다. 내가 지금 잘못 들었나? 내 귀를 의심하면서도 곧 정신을 차리고 말했다.

"고객님, 내일 찾아뵙겠습니다."

다음날 고객을 만난 나는 처음과 무척 다른 그녀의 태도에 깜짝 놀랐다. 나는 고객의 마음이 바뀐 이유가 몹시 궁금했다.

"혹시 무슨 일이라도 생기셨습니까? 갑자기 마음을 바꿔 보험에 가입하시게 된 이유라도?"

"전화를 끊고 며칠 동안 설계사님이 마지막에 했던 얘기가 계속 마음에 걸렸어요."

웬만한 사람은 쌀쌀맞게 거절하면 화가 나서라도 포기했을 텐데, 정성스럽게 편지를 보내고 다시 몇 번 전화를 해서 끝까지 설득하려는 노력에 감동을 받았다고 했다. 또 친동생처럼 생각하면서 가족의 입장에서 말할 때 진심이 느껴졌다고 했다.

그녀는 기분 좋게 계약서에 사인을 했다. 그뿐만 아니라 그날 세 명의 동료들을 소개해 주었다. 나는 그 자리에서 4건의 계약을 모두 성사시켰다. 기분이 붕 떠서 날아갈 것만 같았다. 단 20분 만에 4건의 계약이라니. 나는 대한민국에서 가장 흥분한 남자였다.

사무실로 돌아오면서 그동안 노력했던 일들이 주마등처럼 눈앞을 스쳐 갔다. 포기하고 싶을 때 마지막으로 한 번 더 최선을 다하고, 반드시 고객 입장에서 도움을 줄 때 좋은 결과를 만들 수 있다는 교훈을 얻었다.

그 일이 있고 8개월이 지난 어느 날이었다. 그 여성 고객으로부터 전화가 걸려 왔다. 그녀는 떨리는 목소리로 말했다.

"저…… 설계사님, 저…… 암 선고 받았습니다."

나는 순간 너무 놀라서 입이 얼어붙은 것 같았다. 무슨 말을 해야 할지 아무 생각이 나지 않았다. 건강했던 미혼 여성이 암에 걸리다니. 다행히 수술을 하면 정상적으로 회복이 가능하다고 했다. 그 말을 들으니 마음이 놓였다. 이후 그 고객은 성공적으로 수술을 마치고 건강을 되찾았다. 문병을 갔을 때 그녀는 웃으며 말했다.

"막상 무서운 병에 걸리고 나니 보험의 가치를 깨닫게 됐어요. 가장 먼저 생각나는 사람이 바로 설계사님이었어요."

그날 이후 내가 하는 일이 얼마나 가치 있고 소중한지 새삼 깨닫게 되었고 더 큰 사명감을 가지게 되었다.

진심이 담긴 영업은 반드시 성공한다. 진심으로 다가가야만 고객들도 영업자를 좋아하고 신뢰한다. 진심으로 대하면 다가오고, 조금만 잘못하면 금세 멀어지는 것이 고객이다. 눈에 보이는 가식은 고객을 실망시키고, 진심은 고객을 행복하게 한다. 진실하게 고객을 대하는 것이 유능한 영업자로 인정받는 최고의 방법이다.

지성이면 감천이듯, 진심으로 대하면 언젠가는 그 마음이 전해져 고객이 반응을 보일 것이다. 영업의 힘은 진심에서 우러나오는 사랑과 열정에 있다는 사실을 잊어서는 안 된다.

장사의 신은 고객의 이름을 기억한다

어느 날, 나는 영업과 관련한 책을 읽다가 이런 내용에 눈이 꽂혔다.

어느 간호학교에 입학한 학생들이 시험을 보고 있었다. 그런데 마지막 문제가 너무 황당했다. 그 문제는 "이 강의실을 청소하는 아줌마의 이름은 무엇인가?"였다. 학생들은 청소하는 아줌마를 몇 번 본 적은 있었지만 그녀의 이름에는 관심이 없었다. 대부분의 학생들은 답을 적지 못하고 답안지를 제출했다. 시험이 끝나자마자 학생들은 마지막 문제를 출제한 의도를 교수에게 물었다. 교수는 이렇게 대답했다.

"여러분은 이 학교를 졸업하고 병원에서 일하게 될 것이다. 병원에서 만나는 사람들은 모두 관심과 보살핌을 받아야 할 중요한 사람들이다. 그들에게 미소를 짓고 한마디 인사를 건네는 일은 매우 중요하다."

일본 요식업계의 전설이라 불리는 우노 다카시는 《장사의 신》에서 손님의 이름은 반드시 외워야 한다고 강조했다. 손님의 이름을 외우는 것은 접객의 기본 중 기본이기 때문이다. 그리고 그는 반대로 손님이 장사하는 사람의 이름을 기억하게 하는 것도 매우 중요하다고 했다.

한 번 만난 사람의 이름을 외우고, 상대방이 원하는 호칭대로 불러 주는 것은 관심의 표현이다. "저, 누구시더라?" 한마디로 상대방의 마음이 닫히게 만들 수도 있고, "아, 저번에 비오는 날 뵈었지요"라는 말 한마디로 상대의 마음을 활짝 열 수도 있다.

나는 영업을 할 때 고객카드가 너덜너덜해져 테이프로 붙일 만큼 수시로 들여다보면서 고객의 이름과 신상 명세 등을 암기했다. 벼락치기를 하는 수험생처럼 열심히 외웠다. 고객을 만난 후 40~50번씩 이름을 외우고, 암기가 어려운 이름은 하루 종일 입에 달고 살았다. 나는 모든 고객의 이름을 외우기 위해 노력했다. 그 결과 어느 고객과 우연히 길거리에서 만났을 때 나는 그분의 이름을 부르며 대화를 할 수 있었다.

"김영희 고객님, 지난번 수술 후에 보험금은 잘 받으셨지요?"

"손명길 고객님, 지난번에 아드님이 대학교에 합격했다고 하셨는데 여전히 공부는 열심히 하지요?"

그러면 고객들은 깜짝 놀라 나를 바라봤다.

"혹시 이정훈 씨 천재 아닙니까?"

고객들은 이구동성으로 같은 반응을 보였다. 나는 고객들이 말하는 천재가 아니다. 내가 고객들의 이름을 외우기 위해 얼마나 노력했는지 알면 그들은 천재라는 말보다는 '정성이 대단하다'고 표현했을 것이다. 이런 나의 마음이 통했는지 고객들은 나를 정성이 대단한 사람으로 생각해 주었다. 누군가에게 의미 있는 사람이 되어 좋은 인맥을 만들고 싶다면 먼저 상대의 이름을 불러주자. 좋은 관계와 함께 성공도 다가온다.

영업자들 중에는 "아, 나는 정말 사람 이름 외우는 건 젬병인데"라며 자신의 기억력을 탓하는 사람이 있다. 하지만 이름을 외우는 것은 머리로 하는 것이 아니다. 그것은 가슴에서 우러나오는 관심의 표현이다. 고객에게 "잘 지내시지요?"라고 묻는 것보다는 고객카드 특기란에 기록해둔 것을 가지고 얘기를 풀어나가면 고객에게 감동을 줄 수 있다. 고객카드를 작성하는 일은 남는 시간에 그냥 하는 일이 아니다. 많은 고객들을 상대하다보면 고객들에 대한 기억이 상당 부분 사라지는데 이때 고객카드는 큰 도움이 된다.

어느 백화점 매장의 매니저는 연봉이 꽤 높다고 하는데, 그렇게 연봉이 높은 이유는 그 매니저가 가지고 있는 비밀스러운 고객 수첩 때문이라고 한다. 그에게는 그 수첩이 재산목록 1호다.

4장

거절을 처리하는 5단계

THE ART OF SALES

팔지 말고 사게 하라!

거절은 영업의 시작일 뿐이다

한 조사에 의하면, 전체 신규고객의 82퍼센트는 5회 이상 방문으로 계약을 체결하고, 전체 신규고객 매출액의 80퍼센트를 차지한다고 한다. 그런데 대부분의 영업자들은 고객을 한두 번 찾아가서 거절을 당하면 방문을 포기한다. 내 주변만 보더라도 고객을 다섯 번 이상 방문하는 영업자는 10퍼센트가 안 된다.

고객은 처음 만난 영업자에게 마음을 열지 않는다. 오히려 고객이 순순히 "예스"라고 하면 그게 더 이상한 일이다.

어느 통계를 보면, 고객의 거절이 진심이 아닌 경우가 62퍼센트를 차지한다고 한다. 상당수의 고객은 '거절 아닌 거절'을 한다. 고객들은 왜 영업자를 거절할까?

고객들이 영업자를 거절하는 이유는 실패했던 경험 때문이다. 영업자의 말만 믿고 구입했던 상품과 서비스가 불만족스러웠던 것이다. 사람들은 한번 잘못 판단한 결정이 나중에 큰 후회와 손해로 돌아온다는 사실을 경험을 통해 알고 있기 때문에 영업자를 경계하고 거절한다. 고객들은 영업자를 만났을 때 다음과 같은 생각을 한다.

'이 회사와 영업자는 믿을 만한가?'

'영업자의 말만 믿고 샀다가 나중에 후회하지 않을까?'

'내가 내린 결정이 정말 잘한 것인가?'

'내가 잘못 판단하고 있는 것은 아닌가?'

'다른 상품들과 비교해서 더 나은 조건은 없는가?'

갓 입사한 햇병아리 시절에 나는 지인을 찾아갔다. 정중하게 인사를 한 뒤 차근차근 보험의 장점에 대해 설명했다. 지인은 가만히 듣고 있다가 중간에 말을 잘랐다.

"미안한데 저는 보험에 대해 안 좋은 경험이 있어요."

나는 이 말을 듣고 당황스러웠지만, 알고 있는 지식을 총동원하여 계속 상담을 진행하려고 했다. 지인은 어쩔 수 없다는 표정으로 말을 꺼냈다.

"솔직히 보험설계사들에게 믿음이 가지 않습니다. 예전에 친형님이 보험에 가입했는데 나중에 보장이 되지 않았어요."

"친형님이요?"

순간 이런저런 생각이 머릿속에서 왔다 갔다 했다.

'아, 그래서 마뜩잖게 나를 쳐다보고 있었구나. 이럴 땐 어떻게 해야 하지?'

그런 사이에 지인은 이렇게 결론을 맺었다.

"저는 보험에 가입할 생각이 없습니다."

그렇다고 포기할 수는 없었다. 나는 평상심을 잃지 않으려고 애를 쓰면서 그분과 가족을 위해 왜 보험이 필요하고 왜 지금 준비를 해야 하는

지 진심을 담아 전달했다. 지인은 언성을 높여 이렇게 말했다.

"필요 없다니까요! 가입하고 싶을 때 제가 연락을 드리겠습니다."

그것은 강한 거절이었다. 나는 울적한 기분으로 길거리를 배회하면서 많은 생각을 했다.

'왜 고객의 마음은 내 마음과 이렇게 다를까? 왜 고객은 보험에 부정적일까? 그럼 나는 이 난관을 어떻게 극복해야 할까? 과연 이 일을 계속할 수 있을까?'

주체하지 못할 정도로 혼란스러웠다. 그것은 지독한 경험이었다. 나는 충격을 받아 그날 밤이 새도록 앞날에 대해 생각했다.

고객은 이런저런 이유로 구매를 망설이거나 거절을 한다. 그러나 거절은 판매의 시작일 뿐이다. 영업의 귀재라는 칭송을 들었던 E. G. 레터맨은 이렇게 말했다. "진정한 영업은 고객에게 거절당한 순간부터 시작된다." 참으로 명언이 아닐 수 없다. 정말 영업을 잘하는 사람은 거절을 당연하게 받아들인다. 그리고 '영업은 지금부터다'라고 여긴다.

거절을 모욕으로 여기지 마라

내가 세일즈 교육을 마치고 처음 떠올린 사람은 고등학교 친구였다.

오랜만에 친구에게 전화를 걸어 반갑게 인사를 하고 만나기로 약속을 했다. 며칠 후 친구를 만나기 위해 약속 시간보다 30분 일찍 커피숍에 갔다. 그런데 10분이 지나고 30분이 지났는데도 친구는 나타나지 않았다. 여러 차례 전화를 걸었지만 통화를 할 수 없었다. '이번이 마지막이다'라고 생각하고 전화를 걸었는데 다행히 친구와 연결이 되었다.

나는 친구에게 "약속을 잊어버린 거야?"라고 물었다. 친구는 아무 말도 없었다. 나는 다시 물었다. "아니면 급한 일이라도 생겼어?"

친구는 뜸을 들이다가 이렇게 말했다. "그냥 솔직하게 말할게. 약속을 잊은 것도 아니고 급한 일이 생긴 것도 아니야. 네가 보험 상담을 하려고 만나자는 게 부담스러워서 피하고 싶었어."

"내가 보험회사 다니는 거 누구한테 들은 모양이구나. 부담 안 가져도 되는데. 그냥 들어 보고 도움이 된다 싶으면 가입하는 거지."

"아니, 왠지 만나면 보험을 꼭 들어줘야 할 것 같아서 부담이 되는 게 사실이야. 요즘 형편도 좋지 않은데……."

"그래도 오랜만에 얼굴이라도 보자."

"다음에 보자. 마음이 편할 때 만나는 게 좋겠어. 미안하다."

나는 큰 충격을 받았다. 친구를 돕기 위해서 만나려고 한 것뿐인데 친구는 내가 부담스러워서 만나기를 꺼렸다.

'어떻게 친구의 태도가 이토록 변할 수 있지? 내가 친구에게 이 정도밖에 안 되는 인간이었단 말인가?'

나는 무척 당황스러웠다. 그야말로 충격이었고 배신감까지 느껴졌다. 친구에게 거절당한 내 모습이 애처롭고 초라하고 불쌍하고 얼굴 뜨거웠다. 지인들에게 다가갈 때 그들이 이런 부담을 갖는다면 앞으로 어떻게 그들을 만나야 할까. 친구에게 거절을 당한 것이 깊은 상처가 되었다.

영업자가 가장 두려워하는 것은 고객의 거절이다. 영업자들은 고객의 거절에 너무 큰 의미를 부여한다. 그래서 고객으로부터 거절을 당하면 자신의 감정을 조절하지 못하고 그런 일이 반복될 때마다 '또 거절당하면 어쩌지' 하면서 두려움을 갖게 된다.

고객은 영업자가 싫어서 거절하는 것이 아니라 만남 자체에 대한 거절을 하는 것이다. 그런데도 영업자들은 고객에게 거절을 당하면 자신에 대한 거절로 생각해서 다음 상담의 진행을 포기하거나 단념해 버리는 경우가 많다. 고객은 단지 면담이 진행되는 것이 싫어서 거절하는 것뿐인데도 말이다. 고객의 거절이 영업자 자신에 대한 거절이 아니라는 것을 알아야 한다.

거절에 대한 두려움을 해소하는 방법은 간단하다. 고객에게 거절을 당했을 때 그것이 자신에 대한 모욕이 아니라 "노"라는 의사표시라는 사실을 수용하는 것이다. 누구와 소통을 하든지 항상 자신의 의견이 잘 받아들여지고 상대방과 합의에 도달하는 것은 아니다. "노"를 기꺼이 수용하는 자세를 취하는 일이 중요하다. 예스나 노에 얽매이지 않게 되면 침착함을 유지함으로써 진정한 영업자가 될 수 있다.

거절은 반드시 지나가야 하는 길목이다

나도 영업 초년병 시절에는 "관심 없습니다." "지금 바쁩니다." "구입할 생각이 없습니다"라는 말을 수없이 들었다. 그러나 나는 열 번 거절을 당하면 상담할 기회가 한 번은 주어질 것이라고 생각했다. 나는 이것을 '평균의 법칙'이라고 불렀다. 즉, 상담을 하려면 적어도 열 번은 거절당해야 한다고 생각한 것이다. 그렇게 생각하니 거절은 상담을 하기 위해서 반드시 거치고 지나가야 하는 길목이라고 여기게 되었다.

고객에게 거절을 당하는 것을 어차피 겪어야 할 일이라고 생각하면 마음이 편하다. 나아가 이번에 거절을 당했으니 다음번에는 상담할 확률이 더 높아졌다고 생각할 수도 있다.

사람은 누구나 자기만의 방어기제를 가지고 있다. 누군가 접근하면 두 팔 벌려 환영하는 사람은 거의 없다. 따라서 고객이 '싫다'고 하는 말은 '절대로 싫다'는 말이 아니라 단지 '좋다'고 하지 않는 표현일 뿐이다. 고객의 거절은 당연한 것이다. 영업자는 고객에게 왜 이 상품이 필요하고 나중이 아닌 지금 바로 구입을 해야 하는지 그 이유를 설명해 주면 되는 것이다. 고객의 거절은 더 많은 정보에 대한 요구이며 영업자에게는 곧 기회다.

고객이 거절하는 것은 상품을 구입할 때 생기는 다양한 리스크를 상정하고 해결책을 마련하고 싶은 것이다. 고객에게 거절을 당하면 인격을 부정당한 것 같은 기분이 들기도 하는데, 절대로 그렇게 생각해서는 안 된다. 고객의 거절을 뒤집어보면 이런 것이다.

지금은 필요 없다. → 정말로 필요한지 확인하고 싶다.

천천히 검토해보겠다. → 납득한 뒤 사고 싶다.

고객의 거절 배후에는 반드시 고객의 니즈가 있다. 니즈란 '갖고 싶은 마음'이다. 따라서 고객의 니즈를 파악하여 이익이 되는 부분을 납득시켜야 한다. 고객은 언제나 '더 좋은 해결책이 있지 않을까?'라고 생각한다. 나중에 '좀 더 생각해볼걸 그랬다', '성급한 결정을 해서 손해 봤다'고 후회하고 싶지 않기 때문이다. 고객은 영업자가 납득할 만한 설명을 하면 기분 좋게 구입한다. 고객은 상품의 필요성과 사야 하는 이유가 상품을 구매할 때 생기는 리스크를 웃돌면 구입한다는 사실을 잊지 마라.

고객의 반론을 존중하라

영업자의 권유에 순순히 돈을 지불하고 물건을 사는 사람은 아무도 없다. 고객은 궁금한 것을 꼬치꼬치 물어보고 반론할 것이 있으면 지체 없이 한다. 이때 고객의 반론은 더욱 자세한 설명을 해달라는 요구다.

오히려 이런 반론을 듣지 못하면 판매 가능성은 희박한 것이다.

고객들의 반론에는 대략 이런 것들이 있다.

"가격이 좀 비싼데요."

고객에게 이런 말을 들었을 때는 두 가지로 생각해볼 수 있다. 하나는 '값이 비싼 만큼 가치가 있다는 것을 증명해 달라'는 요구다. 이런 때는 다른 상품에 비해 월등히 우수한 점을 증명하는 자료를 제시하여 고가의 제품을 구매하도록 유도해야 한다. 또 하나는, 고객이 물건을 살 만한 여유가 없는 경우다. 이럴 때는 구매 비용을 주 단위, 일 단위로 쪼개서 제시하는 것이 좋다. 예를 들어 백만 원짜리 상품이라면 월 9만원, 하루 3천 원 할부 지불방식으로 설명할 수 있다. 하루 얼마면 된다고 얘기할 때는 훨씬 부담 없는 가격으로 들리기 때문이다.

"남편(아내)와 의논해 볼 게요."

이렇게 혼자서 구매 결정을 내리지 못하는 고객에게는 배우자를 같이 데려오게 해서 구매 결정을 유도하는 게 좋다. "일단 주문서를 작성하시고 집에 가서 말씀하시지요", "부인에게 이곳에 잠시 들르라고 하시지요. 만약 부인이 반대한다면 계약금을 돌려드리겠습니다"라고 말하는 방법도 괜찮다. 판매를 할 때는 누가 결정권자인지를 먼저 확인해야 한다. 그러면 판매 마무리 단계에서 구매를 미루는 일은 최소한으로 줄어든다.

"다른 회사 제품이 더 좋은 것 같아요."

이처럼 경쟁 상품과 비교하는 고객은 경쟁 상품에 관한 부정적인 기사를 스크랩한 자료를 제시하면 금방 수긍한다.

"한 번 보고 결정할 수는 없어요."

구매를 미루는 고객은 "생각해 볼게요", "좀 더 알아보고요" 같은 말을 한다. 이런 반응은 고객이 잘못된 결정을 내리지나 않을까 불안해하는 것이다. 고객들은 책임이나 위험을 떠안지 않으려고 결정을 미룬다. 구매를 미루는 것은 고객들의 일반적인 특성이다. 고객이 구매 결정을 주저하는 것은 지금 결정하는 것이 더 이익임을 확신하지 못하기 때문이다. 지금 구매하는 것이 이익이란 점을 명확하게 보여주어야 한다.

"친척이 같은 상품을 팔고 있어요."

부모나 형제, 친척, 친구, 동창 등이 똑같은 상품을 팔고 있을 수도 있다. 그럴 때는 이렇게 말하는 게 좋다. "그러시다면 참 든든하시겠습니다. 그런데 저의 고객들 중에는 더 나은 판단을 위해 복수거래를 하시는 분들이 많습니다. 재정설계를 전적으로 친지에게 털어놓고 상담하는 것을 거북하게 여기시는 분들도 계시고요."

대부분의 사람들은 자기 돈이 나가는 경우에는 밑지는 거래를 하기보다는 자신에게 유리한 쪽을 택한다. 영업자가 그들보다 더 유리한 조건으로 상품을 판다는 것을 고객이 인정하고 나면 "그분들도 고객님께서 가장 유리한 조건으로 상품을 선택하길 바랄 것입니다"라고 하면 된다.

고객에게는 구매를 결정하기 전에 반드시 해결해야 할 문제들이 있다. 그것은 가격, 품질, 디자인, 신뢰성, 보증, 애프터서비스, 납기 등이다. 영업자는 고객의 문제를 해결해주기 위해서 고객의 반론을 존중해야 한다. 고객이 "가격이 너무 비싸다"라고 하면 그것은 지불하는 돈에 대한 적절한 가치를 얻고자 하는 것이다. 이의가 있다는 것은 고객이 긍정적인 구매 결정을 하기 위한 충분한 정보를 얻지 못했다는 것을 말한다. 고객의 반론은 도움을 바라거나 정보가 필요하다는 요청이다. 고객의 문제를 해결해주지 못한 상태에서는 상담이 이루어질 수 없다. 따라서 영업자는 항상 다음과 같은 질문을 고객에게 해야 한다.

"고객님께서는 무엇 때문에 결정을 못하시는지요?"

영업자가 하는 일은 고객의 문제를 해결해주는 것이다. 영업자는 고객에게 물건을 사면 어떤 이익이 있는지, 가격에 비해 얼마만한 가치가 있는지를 알려주어야 한다. 그리고 고객이 적절한 구매 결정을 내릴 수 있도록 도와주어야 한다.

거절하는 진짜 이유를 파악하라

판매 현장에서 고객으로부터 빈번하게 듣는 거절 이유는 대략 이런 것들이다.

"지금은 별로 관심이 없다."

"나는 이 제품이 필요하지 않다."

"다른 매장을 좀 더 둘러보겠다."

"이전에 구매한 상품이 만족스럽지 못했다."

"값이 너무 비싸다."

"상품의 질이 안 좋다."

"기업 이미지가 좋지 않다."

"새 모델이 나올 때까지 기다리겠다."

"친구가 똑같은 상품을 팔고 있어서 거기서 사겠다."

고객에게 이런 이유로 거절을 당했을 때는 그 원인을 분석해야 한다. 예를 들어 "다른 매장을 좀 더 둘러보겠다"고 하는 것은 '당신은 나를 설득시키지 못했어요. 납득할 수 있는 설명을 해주지 않으면 다른 매장으로 가겠어요'라고 하는 것이다.

"새 모델이 나올 때까지 기다리겠다", "친구가 똑같은 상품을 팔고 있어서 거기서 사겠다"고 하는 것은 어쩌면 물건을 살 돈이 없기 때문일 수도 있다. 돈이 없다는 사실 때문에 자존심이 상해서 가짜 이유를 늘어놓을 수도 있다. 이럴 때는 할부 계약이나 그 외의 다양한 해결책 등을 제시하여 물건을 살 수 있다고 확신시켜 주어야 한다.

그런데 대부분의 영업자는 고객이 무엇을 원하고 있는지를 파악하지 못하고, 그 요구에 적합한 설명을 하지 못하고, 고객의 호감을 얻지 못해서 거절을 당하곤 한다.

만일 고객으로부터 번번이 거절을 당한다면, 다음의 몇 가지 사항에 대하여 점검해보는 것이 필요하다.

- 고객의 이야기를 진지하게 듣지 않고 적당히 응대하지는 않았는가?
- 고객의 심리 분석이나 상황 판단에 주의를 기울였는가?
- 고객의 반론이나 고충에 대하여 적절한 대응을 했는가?
- 일방적인 강요를 한 것은 아닌가?
- 구체적인 설명이 부족한 것은 아닌가?
- 고객의 질문에 대하여 자신 있게 답변을 했는가?
- 구체적인 이미지로 묘사하는 것을 소홀히 한 것은 아닌가?
- 상품의 특징과 고객의 이익을 상호 연결시켜 주었는가?
- 고객의 이익을 강조할 때 고객 입장에서 말했는가?
- 쉽게 살 수 있는 방법에 대하여 조언해 주었는가?
- 고객의 프라이드를 손상시키는 말을 무의식중에 사용하지는 않았

는가?

고객에게 선택의 기회를 주라

역설적인 얘기지만, 고객에게 "노"라고 말할 기회를 줘야 "예스"라는 대답을 듣기가 더 쉽다. '이게 무슨 말인가?' 하고 의아하게 생각할지도 모르겠다. 이해를 돕기 위해 예를 들어 보겠다.

멋진 여성을 보고 마음이 끌렸을 때는 이렇게 말해보자.

"함께 차 한 잔 마시면서 얘기를 나누고 싶습니다. 원치 않는다면 거절해도 됩니다."

또 무거운 짐을 옮길 때는 직장 동료에게 이렇게 말해보자.

"이 짐을 1층까지 옮겨야 하는데 도움이 필요합니다. 내키지 않으면 싫다고 말해도 됩니다."

이런 식으로 상대에게 "노"를 표현할 선택권을 주면 정말로 거절을 당하더라도 덜 상심하게 된다.

나는 고객과 상담을 하는 중에 점심시간이 되면 이렇게 말했다.

"함께 식사를 하고 싶습니다. 원치 않으시면 다음 기회로 미루셔도 됩니다. 저는 괜찮습니다."

사람들은 자신에게 선택권이 주어지면 존중받는다고 느낀다. 영업자가 선택권을 주면 고객은 방어적인 자세를 누그러뜨리고 수용하려는 마음을 갖게 된다. 그러면 고객은 자신을 존중한다는 느낌을 받고 자연스럽게 굳게 닫힌 마음을 열고 긍정의 대답을 하기도 한다.

거부반응에 대처하는 법

영업자는 고객으로부터 "노"라는 말이 나오지 않도록 해야 한다. 그렇게 하려면 영업자의 주관적인 해석과 의견보다는 고객의 비용 절감이나 문제 개선 등 고객의 고민이나 이익에 더 관심을 기울여야 한다. 영업자가 고객의 고민을 알아내고 정확하게 대응하면 고객을 납득시키는 것이 쉬워진다. 따라서 영업자는 고객의 문제를 정확하게 파악하고 최선의 제안을 할 수 있도록 능력을 갈고닦아야 한다.

나는 고객들에게 수없이 거절을 당하는 과정에서 고객들의 반응에는 일정한 규칙이 있다는 것을 발견했다. 그래서 고객의 거부반응에 대해 적절한 대답들을 미리 준비해 두었다가 대처해 나갔다. 나는 이것을 거절을 처리하는 단계로 만들었다. 거절을 처리할 때는 다음의 단계를 거치면 매우 효과적이다.

경청 - 공감 - 완화 - 반전

먼저 고객의 말을 '경청'하고 '공감'을 표시하여 고객의 입장을 이해하고 있다는 것을 느끼게 해야 한다. 다음에는 고객의 거절이 큰 걸림돌이 되지 않도록 '완화'시키고 고객의 관심을 유도할 수 있는 말로 '반전'을 끌어내야 한다. 이러한 '경청-공감-완화-반전'의 절차는 고객의 다양한 거절 패턴에 적절하게 대처할 수 있는 방법이므로 꾸준히 연마할 필요가 있다.

이 방법으로 거절을 처리하는 몇 가지 사례를 들어보겠다.

거절의 이유가 비교적 뚜렷한 경우

경청: 왜 그런 생각을 갖고 있는지 그 이유를 묻고 경청한다.

공감: 그러시군요. 저희 회사가 고객님을 만족시켜 드리지 못했군요. 제가 대신 사과를 드립니다.

완화: 그런데 서비스 부분에 있어서는 약간의 오해가 있으신 것으로 생각됩니다.

반전: 기회를 주신다면 서비스에 대해서 좀 더 구체적인 설명을 드렸으면 합니다.

관심이 없다고 말하는 경우

공감: 그러시군요. 고객님의 입장을 충분히 이해합니다.

완화: 지금 당장 투자하시라고 연락드린 것은 아닙니다.

반전: 고객님의 재테크에 도움이 되는 확실한 정보가 있다면 관심을

갖지 않으시겠습니까?

바빠서 신경 쓸 시간이 없다고 말하는 경우

공감: 사장님 같으신 분이 바쁘신 게 당연하죠. 바쁘시니까 자연히 신경 쓸 시간도 없으실 테고요.

완화: 그럴수록 재테크 같은 문제는 전문가에게 맡기시고 보다 여유로워지실 필요가 있습니다.

반전: 주중에 덜 바쁘신 날을 알려주시면 찾아뵙고 인사드리겠습니다. 기회를 주십시오.

전화를 했는데 무조건 싫다고 하는 경우

공감: 싫어하는 분들도 많이 있습니다. 제 선배 한 분도 처음엔 말도 못 꺼내게 했으니까요.

완화: 그러나 그분이 지금은 저를 가장 많이 도와주시는 고객이 되었습니다.

반전: 명성이 자자하신 분이라 꼭 한 번 찾아뵙고 인사드리고 싶습니다. 허락해 주십시오.

(이쯤 되면 고객은 피식 웃으면서 "나 같은 사람이 무슨 명성이 있다고" 하면서 대화가 부드러워질 것이다.)

거절을 처리하는 5단계

고객이 거절하지 않도록 미리 예방하는 것은 매우 중요하므로 한 번 더 풀어서 설명하겠다. 이것은 훌륭한 의사가 결과에 대한 처방을 하는 것이 아니라 원인에 대한 처방을 하는 것과 같다. 이 방법은 매우 효과가 뛰어나서 다음 상담의 물꼬를 트는 결과를 낳는다. 거절 처리는 이 순서로 하면 된다.

1단계, 충분히 듣는다.

고객의 거절 이유를 충분히 듣는다. 듣지 않으면 고객의 진짜 의도를 알 수 없다. 들을 때는 공감의 기술을 최대한 활용하여 경청한다. 고객의 말을 들을 때는 "예, 그렇습니까"라고 동의를 표시하거나 "아~ 네~ 맞습니다" 하고 계속적인 관심을 표현해야 한다. 적극적으로 맞장구를 쳐주면 고객은 더 많은 이야기를 한다. 고객은 누구나 자신의 얘기를 잘 들어주는 사람을 좋아한다.

2단계, 다시 반복해서 묻는다.

고객이 상품 구매를 꺼리는 이유를 반복하여 말해주면 상담의 핵심을 놓치지 않는다.

"그러니까 이 상품이 비싸다는 말씀이시죠?"

다시 확인하는 습관은 영업의 기본이다.

3단계, 진정한 이유를 파악한다.

고객이 망설이는 진짜 이유를 묻게 되면 고객이 무엇을 진정으로 원하고 중요하게 생각하는지를 알 수 있다.

"거절하시는 진짜 이유는 무엇입니까?"

"지금 계약하지 못하는 진짜 이유는 무엇입니까?"

이것을 찾아내는 것이 핵심이다.

4단계, 다른 거절을 차단한다.

겉으로 드러난 거절 이유 외에 또 다른 거절 요소가 있는지 알아본다.

"이 상품에 계약하지 못하는 또 다른 이유가 있습니까?"

"그 문제만 해결되면 가입하시겠습니까?"

이렇게 질문하면 또 다른 거절의 이유를 미리 파악할 수 있어 문제를 해결할 수 있다.

5단계, 설득한다.

고객의 상황에 맞는 객관적인 데이터나 사례를 들어 설명한다.

"고객님과 연령이 같은 분들 중 80퍼센트가 자녀교육비가 부담이 된다고 했습니다."

"요즘 40대 돌연사 비율이 OECD 국가 중에 우리나라가 최고라는 얘기 들어보셨죠?"

"가격이 조금 비싼 것은 품질이 좋은 명품이기 때문이고 용도가 다양하기 때문입니다."

"이 제품은 유명 모델을 써서 광고를 하지 않는 대신 그 광고비만큼 가격을 싸게 책정했습니다."

이것을 구체적인 사례로 설명해 보겠다.

고객: 너무 비싼데요…….

(충분히 듣고 다시 반복해서 묻는다.)

영업자: 아~ 네~ 가격이 비싸다는 말씀이시죠? 얼마나 더 비싸다고 생각하십니까?

고객: 100만 원 정도요.

(진짜 이유를 파악한다.)

영업자: 망설이는 진짜 이유가 100만 원 때문입니까? 다른 이유는 없습니까?

고객: 네. 그렇습니다.

(객관적인 데이터나 사례를 든다.)

영업자: 충분히 그렇게 느끼실 수 있다고 생각합니다. 그러나 100만 원 더 비싼 것이 어떻게 보면 더 적절합니다. 몇 년에 걸쳐 제가 자동차를 팔아 보니까 이 차종을 선택하신 고객들은 적어도 5년 동안 굉장히

만족하면서 제품의 가치를 누리셨습니다. 100만 원이 더 비싸다고 해도 1년이면 20만 원 정도밖에는 안 드는 셈이지요. 그렇지 않은가요?

고객: 그렇군요.

영업자: 다른 사람과 마찬가지로 1년에 52주 동안 이 차량을 운행하신다고 하면 100만 원은 주당 2만 원 정도 되는 셈이지요. 물론 제 말이 우습게 들릴 수도 있지만, 하루로 치면 3천 원 더 내시는 겁니다. 하루에 3천 원 줄이시려고 이 모든 이득을 포기할 생각이십니까?

고객: 글쎄요. 그게 맞다면 그렇게 하는 것은 어리석은 일이겠지요.

영업자: 이제 됐습니까?

고객: 그래도 지금 결정하기가 좀…….

영업자: 고객님께서 무엇을 걱정하시는지 저도 잘 알고 있습니다. 고객님의 불만은 저의 불만입니다. 또한 고객님의 만족은 저의 만족입니다. 단지 금액만 비싼 상품이라면 제 마음도 불편할 것 같습니다. 다행히 그 이상의 가치 있는 상품이기에 고객님께 최고의 혜택을 드리고 싶었습니다. 제 가족이라는 마음으로 고객님의 입장에서 진실하게 말씀드렸으니 고객님과 가족들의 행복한 삶을 위해 결정하시겠습니까?

이런 근거 있는 설득은 논리적일 뿐만 아니라 감성에 호소할 수 있다는 이점이 있다.

5장

행운을 부르는 통화 방법

THE ART OF SALES

팔지 말고 사게 하라!

웃는 얼굴로 통화하라

전화로 영업을 하는 방법은 대단히 효과적이다. 직접 방문할 때 필요한 여러 자료를 준비하는 시간을 줄이고 교통 정체 등으로 낭비되는 시간과 비용을 아낄 수 있다. 이런 장점 때문에 고객관계관리CRM 마케팅의 선두에 선 텔레마케터는 전문직으로 인정받고 있다. 그런데 전문 텔레마케터가 숙련된 화법으로 전화 영업을 해도 몇몇 분야를 빼놓고는 성공을 거두지 못하고 있는 실정이다. 설령 고객이 차분하게 설명을 다 들어준다고 해도 마지막에는 기대와 정반대의 답을 듣는 경우가 허다하다.

전화 영업은 성공률이 대단히 낮다. 전화로 아무리 설명을 잘한다고 해도 고객은 이해도가 떨어진다. 따라서 구매 확률도 낮다. 그러다 보니 스트레스가 이만저만이 아니다. 매번 똑같은 말을 수십 번 반복하는 것도 큰 고통이다.

'어떻게 전화를 해야 하나…….'

나는 처음 영업을 할 때 전화기 앞에만 있으면 막막했다. 전혀 알지 못하는 사람에게 상품을 판매하기 위해 전화를 한다는 것이 생각만 해도 답답해서 한숨이 저절로 나왔다. 왜 영업자들은 전화 거는 것을 두려워할까?

가망고객에게 전화를 걸면 90퍼센트 이상이 거절을 하기 때문이다.

고객들은 “관심없어요!” “그런 말을 듣고 있을 시간이 없어요!”라고 말하고는 매몰차게 끊어버리기 일쑤다. 그러나 전화 영업을 잘하면 일류 영업자가 될 수 있다. 그것은 내가 장담한다. 미국 최고의 투신사는 1조 6천억 달러의 고객 자산을 운용하고 있는데, 이 회사는 전화로 상담하여 올리는 매출이 큰 비중을 차지한다고 한다.

고객들은 하루에도 수십 통씩 전화를 받고 있다. 고객이 전화를 받았을 때 ‘안 들으면 손해다’라는 기대감을 가질 수 있도록 활기찬 목소리로 접근해야 한다. 전화를 할 때는 얼굴이 보이지 않기 때문에 더 공손히 해야 하며, 목소리 톤이나 억양을 더 밝게 하는 게 좋다.

나는 고객과 통화를 하기 전에 눈을 감고 마음을 가다듬는다. 전화를 받을 때도 크게 심호흡을 하고 세 번째 벨이 울리기 전에 미소 지으며 전화를 받는다. 이것은 최고의 텔레마케팅 트레이너에게 직접 배운 것이다. 이렇게 하는 이유는 더욱 효과적으로 경청하고 말하기 위해서다.

나는 고객에게 전화를 할 때는 두 가지를 앞에 두었다. 하나는 고객카드이고 또 하나는 거울이었다. 나는 전화를 하거나 받을 때 먼저 거울을 본 다음에 수화기를 든다. 거울을 보면서 내 표정이 웃는 얼굴인가를 먼저 확인하는 것이다. 통화를 하면서도 웃는 얼굴인가 아닌가를 거울을 통해서 확인한다. 고객을 대하는 자세가 전화기를 타고 고객에게 그대로 전해지기 때문이다. 웃는 얼굴로 전화를 하면 상대방도 내가 웃고 있다는 것을 목소리를 통해서 알게 된다. 웃는 얼굴로 통화해야 웃는 목소리가 전달된다.

통화의 기술

고객과 직접 대면하는 경우에 첫인상을 좋게 하는 것이 영업자의 기본자세이듯 전화로 영업을 할 때도 여간 정성이 필요한 게 아니다. 호감을 주는 첫마디부터 정확한 타깃 선정에 이르기까지 한 과정도 소홀히 해서는 안 된다. 전화만으로 판매를 성사시키겠다는 욕심을 자제하고 우선 고객과 만날 약속을 얻어내는 것이 훨씬 중요하다.

잠재고객과 전화를 하는 동안 고객의 거절을 잘 수용하고 현명하게 처리하면 약속을 이끌어낼 수 있는 확률이 매우 높아진다. 방문 약속을 끈질기게 요구하면 고객이 화를 내지 않을까 하는 의문이 들겠지만 방문을 정중하게 요청하면 고객의 기분을 상하게 하는 일은 일어나지 않는다. 고객은 해결해야 할 문제가 있고 영업자는 고객에게 가치 있는 것을 제공하는 동등한 사람이다.

나는 영업을 할 때 조금은 과격한 방법으로 통화를 했다. 수화기와 손을 테이프로 친친 돌려 감았다. 목표한 만큼의 전화를 하지 않으면 절대로 테이프를 떼지 않기로 결심했다. 물론 수많은 거절을 당했다. 하지만 전화 통화를 그만두고 싶어도 수화기와 손을 테이프로 친친 감았기 때문에 전화를 계속할 수밖에 없었다. 그렇게 하다 보니 전과 다른 것이 하나 있었다. 그것은 몰입이었다. 나는 집중과 몰입의 힘을 이용해 고객 몇 명과 상담 약속을 잡을 수 있었다. 나는 점점 더 몰입하여 시간이 가는 줄 모르고 통화를 했다. 점심시간이 훌쩍 지났지만 밥 먹는 것도 잊고 전화에 매달렸다. 가망고객 100명에게 전화를 모두 걸고 나니 날은 이미 어두워져 있었다. 하루 종일 전화를 하면서 나는 놀랄 만한 경험을 했다. 스무 명과 상담 약속이 성사된 것이다. 그것은 평소 같으면 2주 동안 발로 뛰어야 잡히는 스케줄이었다.

그 후로 나는 상담 약속이 잡히지 않거나 집중이 안 되는 날에는 일부러 전화기와 손을 테이프로 친친 감곤 했다. 전화 영업을 잘하려면 몰입해야 한다. 전화 영업에서는 집중과 밝은 에너지로 임하는 태도가 성공의 문을 여는 열쇠다.

제3의 선택을 잊게 하는 작전

직장에서 팀장이 "오늘 점심은 김치찌개나 된장찌개 중 어느 것으로 할래?"하고 물으면 팀원들은 돈가스가 먹고 싶어도 선불리 말을 꺼내기 어렵다. 이것은 영업을 할 때도 마찬가지다. "예"라는 대답을 확실하게 기대할 수 없다면, "예 또는 아니오"라는 대답을 요구하는 질문은 피해야 한다. 고객에게 전화를 할 때는 처음부터 양자택일을 강요해서 제3의 선택이 있다는 사실을 잊게 해야 한다.

사람들은 영업자가 전화를 하면 궁금증은 별로 없고 십중팔구 "관심 없다"며 전화를 끊으려고 한다. 일단 고객의 머릿속에 "노"라는 생각이

꽉 찬 이상 아무리 구슬려봐도 마음을 돌려세우기란 불가능하다.

영업자가 마음에 두고 있는 고객에게 전화로 약속을 잡는다고 가정해보자.

영업자: 고객님, 오늘 오후에 들러도 되겠습니까?

고객: 아니오, 바쁜데요.

영업자: 잠깐이면 되는데, 차라도 한 잔 하시죠?

고객: 정말 시간이 없다니까요.

영업자: 그럼 언제쯤 시간이 되나요?

고객: 글쎄요, 잘 모르겠는데요.

영업자가 이런 식으로 전화를 하면 대부분 거절을 면치 못한다. 고객에게 "예스" 혹은 "노"라고 대답할 선택권을 주는 것은 영업자 스스로를 불리하게 만드는 일이다. 사람들이 영업자에게 이런 선택을 요구 받을 때 "예스" 대신 "노"라고 대답할 확률은 99퍼센트이다.

그렇다면 처음부터 "노"라는 대답을 원천적으로 봉쇄할 수 있는 방법은 없을까?

그 방법은 아주 간단하다. 영업의 고수는 결코 "오늘 오후에 들러도 되겠습니까?"라고 묻지 않는다. 이 질문에 고객들은 대부분 "아니오, 오늘은 제가 무척 바쁩니다"라고 대답하기 때문이다. 영업의 고수는 두 가지 대안을 마련하여 이렇게 질문한다.

"고객님, 오늘 제가 그쪽으로 갈 일이 있습니다. 2시경에 들를까요, 아니면 3시까지 기다리는 게 좋을까요, 어느 쪽이 편하십니까?"

상식적으로 생각해도 두 가지 제안 중 어느 쪽이 좋은지 물었는데, "아니오"라고 대답할 수는 없다. 이런 식으로 질문을 하면 무조건 "아니오" 하지 않고 한결 느슨한 태도로 '뭐, 차 한 잔 정도는 괜찮겠지' 하고 약속을 잡을 가능성이 높다.

이런 질문은 "노" 대신 두 가지 "예스" 중 하나를 선택하게 만드는 방법이기 때문에 고객의 대답이 달라진다. 이렇듯 상대가 "노"라고 대답할 수 없는 질문을 하면 대화를 훨씬 유리하게 끌고 나갈 수 있다.

세 가지로 요약해서 전달하라

고객들은 영업자가 말을 너무 많이 한다는 선입견을 가지고 있다. 전화를 할 때도 이 점에 유의해야 한다. 고객에게 전화를 하기 전에 영업자는 꼭 말하고자 하는 내용을 메모하는 게 좋다.

나는 고객들에게 전화를 하면 호기심을 유발하는 첫마디를 사용했다. 예를 들어 이런 것이다.

"고객님, 저는 고객님의 자산이 늘어나는 것을 진심으로 원합니다."

"고객님의 자산이 늘어날 수 있는 효과적인 재테크 전략을 세울 수 있도록 도와 드릴 수 있습니다. 고객님의 귀한 시간을 잠깐 내주실 수 있습니까?"

또는 이렇게 말했다.

"고객님, 지금 이 기회가 평생 한 번밖에 없는 최고의 투자가 될 수 있습니다. 후회하지 않을 것입니다. 왜냐하면 제가 전하고자 하는 내용은 고객님의 자산을 늘려 드릴 것이며 만족할 수 있는 정보이기 때문입니다."

고객이 반응을 보이면 나는 말하고자 하는 내용을 세 가지로 요약해서 전달했다.

"고객님, 바쁘시다는 거 잘 알고 있습니다. 제가 전해 드리고 싶은 것이 세 가지 있는데, 하나씩 말씀드리겠습니다. 첫째……, 둘째……, 셋째……."

이렇게 말하면 고객은 내가 세 번째 얘기를 할 때쯤에는 곧 대화가 끝난다는 것을 알게 된다. 바쁜 고객들은 간결하면서도 요점을 잘 정리해서 얘기하는 사람을 좋아한다.

예약 방식으로 상담하라

고객들은 무작정 찾아오는 사람보다 전화로 먼저 약속을 하고 찾아오는 사람을 좋아한다. 나는 눈 코 뜰 새 없이 바쁜 비즈니스맨이나 사업가들이 업무에 방해받지 않도록 항상 예약을 한 뒤 방문했다. 그러면 고객들은 시간을 유용하게 쓸 수 있고 나는 시간에 쫓겨 허둥지둥 상담을 하지 않아도 되었다. 나는 마치 변호사나 의사들처럼 예약 방식으로 상담을 하여 내가 전문가라는 인식을 심어주었다.

나는 고객이 중역회의가 있어서 한 시간으로 예정된 미팅을 10분 안에 끝내라고 하면 이렇게 말했다. "고객님, 상담하고 싶은 마음은 굴뚝 같지만 오늘은 인사만 드리는 걸로 하겠습니다. 저는 예약을 받아서 상담을 하거든요. 한 시간 정도 시간을 내주실 수 있는 날로 약속을 다시 잡도록 하겠습니다."

내가 이렇게 한 이유는 재무상담은 시간이 오래 걸리는데 10분 안에 허둥지둥 끝낼 수는 없기 때문이다. 이렇게 말하면 영업자의 시간 못지 않게 고객의 시간 또한 존중하고 있다는 인상을 준다. 이런 모습은 고객에게 전문가의 이미지를 심어주게 된다.

6장

무엇을 차별화해야 하는가?

THE ART OF SALES

팔지 말고 사게 하라!

그 나물에 그 반찬이 되어서는 안 된다

사람들은 식당에서 내놓는 반찬을 보고 "그 나물에 그 반찬이다"라고 말한다. 무언가 색다른 것을 기대했는데 별다른 게 없으면 사람들은 불만을 표시한다.

영업 활동도 이와 똑같다. 영업자들이 판매를 하는 방식은 별 차이가 없다. 그런데 영업의 고수는 남들과 똑같은 방식이라도 신선하게 보이도록 하고, 남들과 다른 아이디어로 돋보이게 한다.

직장인 여럿이 삼겹살에 소주를 마시고 나이트클럽에 갔다. 정문에서 웨이터가 말했다.

"손님, 아는 웨이터 있습니까?"

"없어요!"

그는 말을 듣자마자 박수 두 번을 연속으로 치더니 "없어요~! 손님 받으세요"라고 소리를 질렀다. 그러자 안에서 웨이터 한 명이 뛰어나왔다.

"안녕하십니까? '없어요'입니다."

웨이터 '없어요'는 손님들의 심리를 알았다.

"뭐? '없어요'가 웨이터 이름이야? 하하. 알았어. 안내하라고."

영업을 할 때 가장 먼저 차별화해야 하는 것은 바로 영업자 자신이다. 영업자는 자신을 마케팅의 대상으로 삼아야 하며, 고객 앞에서 독특하고 두드러진 차별성을 가지고 있어야 한다.

다른 영업자들과 차별화할 수 있는 방법은 다음과 같다.

- 남들보다 더 많이 준비한다.
- 남들보다 더 관심을 끈다.
- 남들보다 더 나은 질문을 한다.
- 남들보다 더 가치를 인식시킨다.
- 남들보다 더 창의적인 아이디어를 제공한다.
- 남들보다 더 열정적으로 일한다.

고객의 마음속은 전쟁터이다. 이 전쟁터에서 차별화하지 못하면 패배는 불 보듯 빤한 일이다. 경쟁자에게 한 번 밀려나면 그 자리로 돌아가는 것은 거의 불가능하다. 고객의 마음과 뇌리 속에 파고들려면 말 한마디를 하더라도 관심과 흥미를 끌 수 있는 말을 해야 한다.

영업자는 오리지널이 되어야 한다

요즘은 어디를 가나 비슷한 선전 문구를 보게 된다. 미용실에 가면

'연예인 ○○○ 헤어스타일', 옷가게에 가면 '요즘 화제의 모 드라마에서 ○○○가 입은 옷' 등 연예인 이름을 내세워 마케팅을 하고 있다. 이것은 사람들이 인기 연예인을 모방하는 것을 이용한 상술이다.

나 역시 영업을 처음 할 때 남들이 하는 것을 흉내 낸 적이 있다. 톱 세일즈맨들이 했다는 방식을 그대로 따라한 것이다. 그래서 '1일 100건 이상 신규 방문'이라는 목표를 세웠다. 그리고 정말 열심히 뛰어다녔다. 그러나 한 달도 못 되어 지치기 시작했다. 노력한 것에 비해 성과가 별로 없었기 때문이다. 나는 초조해지자 '영업이 내 적성에 맞지 않는 건가?'라고 생각하게 되었다.

한 선배가 나에게 이런 충고를 해주었다. "힘들지? 영업을 해보니까 만만하지 않지? 한두 번 방문해서 계약이 된다면 누구나 영업을 하겠다고 나서겠지. 안 그래? 내 경우는 일 년 내내 쫓아다녀서 계약을 따낸 고객도 있어. 양보다는 질이 중요해. 고객 한 사람 한 사람을 소중히 생각해봐."

선배의 충고를 들으면서 나는 깨달은 것이 있었다. 나는 하루에 100명을 만나면 계약도 자연히 늘어날 것이라고 막연히 생각하고 접촉의 양에만 치중했다. 어느 톱 세일즈맨이 "어차피 영업은 머릿수로 승부하는 거야"라고 한 말을 아무 생각 없이 받아들이고 그대로 흉내 냈던 것이다. 이것이 어느 정도 맞는 말이기는 하지만 양에만 치중하는 영업은 맹점을 안고 있다. 그보다는 고객 한 사람을 정성껏 섬기는 자세가 중요하다는 것을 뒤늦게 깨달았다.

나는 무엇을 하건 남을 흉내 내기 전에 자신의 정체성에 맞게 개성을 살려야 한다고 말하고 싶다. 영업을 할 때도 자신만의 독특한 매력과 개성을 개발해 고객에게 최고의 모습을 보여주어야 한다. 자신을 냉정하게 파악하고 분석하여 장단점을 가려내지 않은 상태에서 영업을 잘하는 사람들을 흉내 낸다면 절대로 고객을 만족시킬 수 없다.

영업자는 오리지널이 되어야 한다. 고객이 영업자에게 매력을 느낄 때는 바로 그 영업자만의 고유한 빛깔을 발견할 때다.

영업의 경쟁력을 높이는 방법

우리는 지금 정보화 시대에 살고 있다. 그런데 많은 영업자들은 가망고객에게 접근할 때 아무런 사전 정보 없이 만나는 일이 비일비재하다. 또 고객의 기본적인 니즈를 파악하지도 않은 채 서둘러 판매 상담부터 시작하려고 한다. 사전 준비를 소홀히 하면 제대로 상담을 할 수 없다. 고객에게 접근하기 전에 치밀하게 준비를 하고 거래 관계에 미칠 영향을 일찍 판단할수록 고객에게 제공할 수 있는 서비스의 질은 향상된다.

유능한 영업자가 되기를 바란다면 판매하는 상품과 고객의 관련성, 고객의 상황에 대해 정확히 파악해 놓아야 한다. 만약 이것을 간과하면 하루에도 몇 번씩 고객에게 접근하는 다른 영업자들과 차별화될 수 없다.

다른 영업자들과 차별화한다는 것은 무슨 의미인가? 그것은 고객의 시간을 소중하게 생각하고 고객의 문제를 해결해주는 것이다. 바로 그 지점에서 고객과 영업자가 서로 이익이 되는 거래 관계의 기반을 쌓을 수 있다.

세계 정상의 소프라노 조수미는 이렇게 말했다. "무대는 나와 청중 사이의 '연애'다. 사랑하는 이에게 잘 보이고 싶고, 또 할 수 있는 한 최대의 아름다움과 지성으로써 사랑을 확인받고 싶다. 그래서 늘 사랑하는 사람을 대하듯 설레고 두근거리는 마음으로 내 무대를 준비한다."

연애하듯 준비하고 에너지를 쏟은 만큼 상담 성사율도 높은 것이 영업이다. 준비를 철저히 하면 적어도 고객에게 버림받는 비극의 주인공이 되지는 않을 것이다.

폴 마이어는 "위대한 영업자는 타고나지 않는다. 훈련을 통해 만들어진다"라고 했다. 나는 이 말에 전적으로 동의한다. 영업에서 성과를 결정짓는 요소는 바로 철저한 준비다. 준비를 철저히 하면 스피드가 훨씬 빨라진다. 준비를 하면 고객을 만났을 때 반사적으로 막힘없이 반응하고, 반응의 질 또한 개선시킬 수 있다.

나는 고객의 반론 사례를 수집했고 새로운 반론을 찾아내면 곧바로 최상의 대안을 개발하기 위해 연습하고 또 연습했다. 영업 현장에서 고객에게 새로운 반론을 듣기에 앞서, 내가 미리 들어본 모든 반론에 대해 대답을 만들고 수없이 연습하여 고객의 반론에 현명하고 빠르게 대처할 수 있는 준비를 했다. 연습 없이 실전에서 매끄럽게 고객을 상담할 수 있다고 생각하면 큰 오산이다. 전화벨이 울려대는 고객의 사무실이나 아이들이 발소리를 내며 돌아다니는 매장에서 고객을 대상으로 이야기할 때는 더욱 그렇다.

영업자는 고객에게 긴요한 정보를 줄 수 있어야 하고, 그래서 고객이 현명한 선택을 할 수 있도록 도와주어야 한다. 그렇게 하려면 과도하게 준비하라! 고객이 상품을 사야 하는 이유를 특별히 납득하지 못한다면 결코 지갑을 열지 않을 것이다.

영업하는 자세를 모니터링하라

영업자라면 누구나 고객의 입장에서 고객의 문제를 해결해줘야 한다는 것을 너무나 잘 알 것이다. 그러나 영업자들이 상담하는 모습을 카메라로 찍어 면밀히 분석해 보면 A4 용지 한 장을 빽빽하게 채울 정도의 지적사항이 나온다. 그 일부만 소개하겠다.

- 인사하는 태도가 정중하지 못하다.
- 소개말이 진부하다.
- 자기 이야기만 늘어놓는다.

• 고객의 말을 자르고 중간에 끼어든다.

• 맞장구 대신 엇장구를 쳐서 대화에 김을 뺀다.

• 웃지 않는다.

• 시선 처리나 목소리가 부자연스러워 불안감을 유발한다.

• 상담을 마치면서 감사의 말을 잊는다.

이처럼 자신의 상담 모습을 객관적으로 지켜보면 잘못된 점을 스스로 깨달을 수 있을 것이다. 어쩌면 '헉, 설마 내가 진짜 저랬단 말인가?' 하는 탄성이 나올지도 모른다. 영업에 임하는 자신의 모습을 들여다볼 수 있는 기회를 많이 가질수록 좋은 약이 될 것이다.

끝까지 사후관리를 하라

영업자는 물건을 판 뒤에도 사후관리를 잘 해야 한다. 돈을 받고서 판매했으니 이제는 끝났다고 생각하면 고객과의 관계는 그로써 단절되어 버린다. 예를 들어, 자동차 영업자가 차량을 인도한 후에 고객만족을 유지하기 위한 조치를 하지 않거나 대응을 잘못하면 고객을 잃어버린다. 또한 고객의 입소문으로 인한 나쁜 영향까지도 감수해야 한다.

고객은 잠시 사랑하고 훌쩍 떠나버리는 한순간의 연애를 좋아하지 않는다. 고객은 지속적인 관심과 배려가 필요한 결혼관계를 원한다. 여자가 "정말로 이 남자와 결혼하길 잘했다"라고 말하는 것처럼 "당신에게 이 제품을 구매하기를 참 잘했다"는 말을 고객에게 들을 수 있도록 해야 한다. 이것이 다른 영업자와 차별화할 수 있는 방법이다.

고객은 영업자가 가끔씩이라도 전화를 걸어 "안녕하세요. 잘 지내시죠?" 하며 안부 인사를 해주기를 은근히 기대한다. 어느 고객은 이렇게 말했다. "물건을 팔기 전에는 하루가 멀다 하고 전화를 하더니 물건을 판 다음에는 전화 한 통 없어요. 그런 사람에게 누굴 소개해 주겠어요."

고객 입장에서는 판매 후에 연락을 끊은 영업자와 좋은 관계를 지속적으로 유지하고 싶은 마음이 들지 않는 게 당연하다. 그러나 영업자의 뜻밖의 안부 전화는 깊은 인상을 남긴다.

고객의 시간을 소중히 여겨라

영업자가 팔아야 하는 것은 '시간'이다. 나는 시간을 잘 관리한다는 소리를 들으며 영업을 했다. 흥미로운 사실은 내가 시간 약속을 철두철미하게 지킬수록 고객들이 나를 더 존중했다는 것이다. 내 일정이 빡빡하다고 느낄수록 고객은 나와 상담하기를 원했다.

나는 고객을 만나면 이렇게 운을 떼었다. "몹시 바쁘시다는 것을 잘 알고 있습니다. 그래서 몇 가지 검토하실 자료를 가져왔습니다."

고객들은 이런 식의 접근을 크게 환영했다. 이것은 영업자가 고객의 시간을 존중하며 상담에 대해 사전 준비를 해왔다는 뜻이기 때문이다. 그런 다음 준비해 온 자료를 보면서 상담을 진행했다.

스타벅스는 고객에게 커피가 전달되는 시간 30초를 줄이기 위해 5년간 주문과 결제, 제조과정에 이르기까지 수많은 노력과 비용 투자를 했다고 한다. 마찬가지로 영업자는 고객의 시간을 소중히 생각해야 한다.

명함은 영업자의 얼굴이다

기네스북에 열두 번이나 오른 세계적인 자동차 세일즈맨 조 지라드는 일주일에 족히 500장의 명함을 돌렸다고 한다. 그가 이렇게 많은 명함을 돌린 이유는 그 명함 중에 단 한 장이라도 자동차가 필요한 사람의 손에, 혹은 자동차를 구입하려는 사람을 알고 있는 사람의 손에 들어간다면 판매를 할 수 있기 때문이다.

우리는 비즈니스를 할 때 통상적으로 명함을 주고받는다. 명함에는 번듯한 회사 이름과 직위가 앞면을 화려하게 장식하고 있다. 거기에는 그 회사에 취직하기 위해, 그리고 그 자리에 올라서기까지의 노력의 흔적이 담겨 있다. 이런 면에서 명함은 자부심의 원천이다.

특히 영업자에게 명함은 매우 중요하다. 그것은 영업자의 얼굴이기 때문이다. 또한 명함은 새로운 관계를 맺는 출발점이고, 첫인상이며 자기소개서다. 이런 명함을 홍보 전단처럼 뿌리지 말고 자기소개서라는 마음으로 전달해야 한다.

어느 기관에서 조사한 바에 따르면, 100명을 만나서 명함 교환을 했을 때 좋은 관계로 발전하는 것은 고작 한 명에 불과하다고 한다. 그러나 영업자는 한 명이 아니라 100명 전부를 내 고객으로 만들겠다고 작심해야 한다.

나는 명함을 받으면 그냥 지갑에 집어넣지 않는다. 받은 명함을 약 3초 동안 응시하고, 상대에게 3번 질문하고, 3번 메모한다. 이것을 나는 '333 법칙'이라고 부른다. 명함에는 의외로 많은 정보가 담겨 있다. 회사 이름이 낯설면 무슨 일을 하는 곳인지 물어보고, 이메일 주소가 특이하면 그것을 짓게 된 이유를 물어보면서 말문을 열 수도 있다. 그런 질문은 처음 만나 다소 어색한 상황에서 자연스럽게 이야기를 풀어가는 실마리가 되기도 한다.

헤어짐과 동시에 바로 버려지는 명함이 될지, 명함첩에 소중히 꽂히는 명함이 될지를 결정짓는 것은 유머다. 명함을 건넬 때 자기소개를 한 다음에 "책상 한쪽에 꼭 붙여두십시오. 반드시 도움이 될 때가 있을 겁니다"라고 유머를 덧붙이면 고객은 살짝 웃으면서 영업자에게 호감을 보이고 잊지 않을 것이다.

체력이 경쟁력이다

영업자들 중에는 의욕과 활기, 자신감을 잃은 사람들이 너무나 많다. 어깨가 축 처져 있는 사람을 보면 일처리도 타성에 젖어 있게 마련이다. 너무나 당연한 얘기겠지만 이런 영업자는 자기관리 능력이 떨어진다는 평가를 받을 수밖에 없다.

냉혹하게 들릴지 모르지만, "컨디션이 안 좋다"는 말은 프로의 세계에서 통하지 않는다. 자기관리가 부족해서 좋은 컨디션을 유지하지 못하고 그로 인해 업무에 지장을 주는 사람은 경쟁에서 가장 먼저 탈락할 수밖에 없다.

고객은 골골거리는 영업자를 신뢰하지 않는다. 영업의 고수들은 이런 사실을 너무나 잘 알기 때문에 체력 관리에 많은 시간을 투자한다. 운동에 투자할 여유 시간과 경제력이 있기 때문에 그럴 것 같지만, 뒤집어 생각하면 열심히 체력을 관리한 덕에 탁월한 성과를 내는 것이다.

얼굴에 환한 미소를 띠면서 자연스럽게 자신감이 묻어나오는 영업자는 고객을 어려움 없이 설득할 수 있다. 고객은 자신감이 넘치는 사람의 의견을 따르게 되어 있다.

건강을 유지하는 일은 중장기적인 과제다. 당장 큰 문제가 생기지 않는 한 건강은 늘 우선순위에서 뒤로 밀릴 수밖에 없다. 하지만 다른 일과 마찬가지로 건강에도 투자를 해야 한다. 바로 이 순간부터.

디테일의 차이를 보여주라

동네 미용실에서는 머리를 커트해 주고 만 원을 받는다. 그런데 유명한 헤어 디자이너가 운영하는 곳은 머리를 커트해 주고 3만 원을 받는다. 만 원짜리와 3만 원짜리의 차이는 무엇인가? 브랜드 값인가? 아니면 머리 손질과 서비스의 디테일한 차이인가?

디테일의 가치가 중요해진 시대다. 고객에게 더 큰 가치를 줄 수 있다면 만 원짜리가 3만 원짜리도 될 수 있다. 고객들은 그만한 가치가 있으면 기꺼이 지갑을 연다. 이것은 영업자 입장에서는 기회일 수도 있지만 한편으로는 섬뜩한 것이기도 하다. 가치를 제공하지 못하면 어느 순간 경쟁력을 잃어버릴 수도 있기 때문이다.

우리 속담에 "하나를 보면 열을 안다"는 것이 있다. 일부만 보고도 전체를 미루어 안다는 말이다. 얼핏 보기에는 하찮은 것, 작고 사소한 것이어서 잘 드러나지 않지만 고객들은 그것을 눈여겨보고 '좋다, 싫다'를 순식간에 판단한다. 화장실이 더러우면 고객은 그 식당의 주방에 들어가 보지 않고도 위생 상태에 문제가 있을 거라고 생각한다. 애프터서비스 건으로 전화를 걸 때마다 "지금은 통화량이 많으니……" 하는 메시지를 반복해서 듣게 되거나, 어렵게 연결이 되었어도 상담원이 문제를 해결해주지 않고 앵무새처럼 회사의 방침만 강조한다면 짜증이 날 수밖에 없다. 그러면 그 회사에 대해 좋은 이미지를 가질 수 없다.

이런 문제는 영업에서도 똑같이 일어난다. 고객들은 전화를 하거나 사무실로 찾아오는 여러 영업자들을 만나게 된다. 이때 영업자가 차별화된 인상을 주지 않으면 고객은 상대해 주지 않는다. 좋은 인상을 주지 않으면 다음 기회는 없다. 한 번 보면 절대 잊을 수 없는 첫인상과 첫 이미지는 그래서 더욱 중요하다.

인사말을 차별화하라

영업자가 다른 경쟁자들과 다르다는 점을 고객에게 인식시킬 수 있는 방법은 무엇일까?

그것은 차별화된 인사말을 하는 것이다. 나는 고객이 내 이름을 기억하도록 여러 가지 방법을 썼다.

"제 이름은 이정훈입니다. 정 많고 훈훈한 남자 이정훈입니다."

"행복을 전달하는 이정훈입니다."

"고객 성공 도우미 이정훈입니다."

"재테크 천사 이정훈입니다."

이렇게 인사를 하면 고객들은 미소를 지으며 내 이름을 기억해 주었다. 고객이 영업자의 이름을 자주 말하게 유도한다면 영업자의 존재는 고객의 마음속에 자리 잡게 된다.

그리고 나는 고객을 처음 만났을 때 고객의 인상이나 사무실 분위기 등에 대해 덕담이나 칭찬을 했다. 그러면 딱딱한 분위기가 한결 부드러워졌다.

"안녕하십니까? 재테크 천사 이정훈입니다. ○○○ 씨가 말씀하셔서 꼭 뵙고 싶었습니다. 듣던 대로 인상이 참 좋으십니다. 제가 이 지역을 담당하고 있는데, 가끔 들러서 세무나 재테크에 필요한 정보를 전해드려도 되겠습니까?"

첫 만남에서의 인사말은 무척 중요하다. 고객 정보에 기초해 나름대로 인사말을 연구하는 게 좋다. 그리고 대본을 만들어 배우처럼 입에 익도록 연습해야 한다.

내 실전 경험을 소개하겠다. 한 사무실을 방문해서 나눈 대화이다.

나: 안녕하십니까?

고객: 어디서 오셨습니까?

나: 예. 저는 이 회사 직원들의 자산관리를 담당하고 있는 재테크 천사 이정훈입니다.

고객: 무슨 일이시죠?

나: 다름이 아니라 임직원들에게 효과적인 재테크 정보를 안내해 드리고 있습니다. 이미 국내에서 검증된 자산관리 컨설팅으로 고객님께 효과적인 재테크 전략을 알려 드리려고 합니다.

고객: 죄송하지만, 지금은 좀 바쁘거든요.

나: 물론 지금 바쁘시다는 것을 잘 알고 있습니다. 그럼 다음 방문 때 효과적인 재테크 정보를 드려도 괜찮으시겠습니까?

고객: 아니오. 관심이 별로 없습니다.

나: 선생님, 처음에는 다른 분들도 별 관심을 갖지 않았는데, 저의 정보를 듣고 자산을 늘릴 수 있는 아주 획기적인 방법이라고 매우 만족하셨습니다. 다음 방문 때는 차 한 잔 할 수 있는 시간만 내주시면 충분합니다. 괜찮으시겠습니까?

고객: 아니오. 제가 필요할 때 연락을 드릴게요.

나: 선생님! 지금 필요합니다. 만약 제가 알려 드린 정보가 선생님께 필요 없는 정보라면 그 낭비된 시간만큼 비용으로 보상해 드리겠습니다. 분명히 만족하실 거라 확신합니다.

고객을 처음 만났을 때는 고객이 원하는 것에 초점을 맞추어야 한다. 그것은 보다 큰 이익, 보다 적은 손실, 고용 인원 축소에 따른 경비 절감, 보다 많은 고객의 확보, 안전함, 편리함, 시간과 노동의 절약 등이다. 제안 도중에 고객이 "지금 이것이 내게 무슨 유익이 있습니까?"라는 질문을 한다면 머지않아 계약은 성사될 것이다.

사람들의 관심사를 눈여겨보라

나는 사람들의 관심을 끄는 일이 무엇인지 알아보려고 노력하는 편이다. 이런 노력은 고객을 이해하는데 큰 도움이 된다.

로버트 B. 세틀, 패멀라 L. 알렉의 공저 《소비의 심리학》에서는 '구매를 자극하는 세대별 광고 컨셉'을 이렇게 정리했다.

10대: 또래집단에 속하기 위해 필요한 제품.

20대: 친구들의 기대치에 부합하는 제품.

30대: 당신과 같이 훌륭하고 성실한 사람을 위한 제품.

40대: 프로와 전문가가 선택하는 제품.

50대: 당신에 대한 평가를 가늠할 제품.

60대 이상: 매우 효과적이고 경제적인 제품.

이 책에서는 40대의 고객을 상대할 때는 젊음과 활력, 사치에 호소하는 마케팅이 효과적이고, 60대 이상의 고객을 상대할 때는 두려움에 기반한 마케팅보다는 단순하며 깔끔한 제품이나 서비스가 주는 가치를 보여주라고 했다.

고객의 지갑을 열게 하려면 고객의 관심사나 소비 습관에 주목해야 한다. 소비자의 행동 중 95퍼센트는 무의식적인 사고와 습관에 의해 결정되기 때문이다. 아울러 영업자는 쏟아지는 정보를 이용하여 돈의 흐름을 파악하고, 인간 심리와 문화도 이해해야 한다.

그러한 지식을 얻기 위해 나는 신문을 많이 본다. 특히 경제면은 경제 흐름을 알려주기 때문에 보고, 문화면은 문화를 알아야 인간을 이해하고 비즈니스를 할 수 있기 때문에 본다. 그리고 TV 프로그램에 대한 내용이나 정치, 사회, 스포츠 기사는 고객들과 대화를 나눌 때 유용하기 때문에 대충이라도 훑어본다.

영업자는 고객들의 관심사가 무엇인지 잘 파악하여 자신의 관심사와 조화시킬 수 있어야 한다. 고객과 대화를 효과적으로 풀어 나가려면, 일단 고객이 관심을 갖는 주제 중 자신의 관심사와 연결될 수 있는 사안을 찾아 잘 연계시켜야 한다. 별 관심 없는 내용에 대해 이야기를 꺼내 봐야 시간 낭비만 할 따름이다.

시간과 감정의 불필요한 낭비를 막고 고객과 원활한 커뮤니케이션을 할 수 있으려면, 영업자 입장에서는 학습이 반드시 필요하다. 아무리 마음이 넓은 고객이라도 때와 장소를 가리지 못하고 자신이 하고 싶은 말만 쏟아내는 영업자를 참아내기란 쉽지 않은 일이기 때문이다.

마음을 사로잡는 DM은 독창적이다

요즘 같은 세상에서는 상품이 아무리 좋다고 떠들어봤자 판매에 별 도움이 안 된다. 차별화는 더더욱 안 된다. 고객들은 제품을 사는 게 아니라 창의적인 가치를 구매한다고 느낀다. 고객은 자신이 지불하는 가격의 대가가 몇 가지 부품으로 조립한 제품이 아니라 그 이상의 가치여야 한다고 생각하는 것이다. 고객들은 차별화된 상품을 원한다.

DM도 마찬가지다. DM은 직접 소비자에게 우송하는 광고 인쇄물이다. DM을 활용하면 시간과 공간의 제약을 받지 않고 새로운 시장을 선점해 나갈 수 있다. DM은 명확한 타깃을 정해 예상고객을 선별하고 분류할 수 있기 때문에 가망고객을 발굴하는 데 들이는 노력에 비해 경제성과 효율성이 높다.

DM을 받은 고객은 호기심을 가지게 된다. 또한 영업자가 방문하기 전에 DM을 본 고객은 성실한 인상을 갖게 되어 상담을 할 때 거부반응을 줄일 수 있고 DM 자료에 대한 내용을 이야깃거리로 전개할 수 있어 효과적이다.

그러나 DM의 문구를 차별화하지 못하면 금방 휴지통으로 들어간다. 따라서 짧은 문장이면서 임팩트하게 써야 효과가 있다.

DM의 겉봉투는 친필로 쓰는 것이 좋다. 컴퓨터 워드로 인쇄한 것만 보다가 겉봉에 손수 쓴 글씨를 본 고객은 우편물을 더욱 사적인 것으로 받아들인다. 겉봉에 '개인적임. 비밀 보장'이라고 써라. 또 '긴급함'이라고 써라. 그러면 고객의 눈길을 한 번 더 사로잡을 수 있다.

편지는 어떻게 써야 할까? 인쇄물보다는 친필 편지가 훨씬 좋다. 친필 편지는 인쇄물보다 몇 배의 효과가 있다. 편지는 짧게 써야 한다. 편지가 길면 읽지 않는다. 읽는다 해도 처음과 마지막 결론 부분만 살펴볼 것이다.

사람들은 남들이 보낸 편지를 읽을 것인지 말 것인지를 결정하는 데 평균 8초가 걸린다고 한다. 8초 안에 고객의 주의를 끌어야 한다. 그러기 위해서는 눈에 확 들어오는 매력적인 헤드라인 문구가 필수적이다. 신문을 펼쳤을 때 가장 먼저 눈길이 가는 곳이 헤드라인이듯이 고객에게 편지를 쓸 때도 헤드라인을 잘 뽑아야 한다. 헤드라인의 문장은 두 행이 넘지 않도록 주의하라. 편지를 읽는 사람의 시선을 붙잡아 두려면 읽기 쉽도록 꾸며야 한다.

편지를 쓸 때는 다음과 같은 말을 사용하면 효과적이다.

"샐러리맨들이 10억을 벌 수 있는 유일한 방법이 있습니다."

"매일 피우는 담배 값으로 행복한 노후를 준비할 수 있습니다."

"고객님의 보장자산과 현금자산을 획기적으로 늘릴 수 있는 자산관리 컨설팅을 무료로 해드립니다."

이밖에도 효과적인 문구가 있다. 다음 문구를 적절히 활용하면 고객의 흥미를 유발할 수 있다.

- 퍼센트나 수치를 나열한다.
- 고객의 관심사를 업계 특성과 연관시킨다.
- 영향력을 표현한다. 타깃 시장에서 만족한 사람의 소감을 넣으면 더 효과적이다.
- 신뢰가 느껴지도록 한다.
- 기간을 특별히 정한다.
- 동등한 사업 관계를 정립한다.
- 입증할 수 있는 사실적 정보를 바탕으로 한다.
- 비용 증가 부담이 없다는 점을 설명한다. 비용을 낮출 경우 품질과 신뢰성, 고객 서비스가 나빠질 우려가 있음을 주지시킨다.
- 목적을 쓴다(예: 이것은 일종의 제안서로, ~컨설팅을 해드렸습니다. ○○○님께도 ~할 목적으로 찾아뵙고 싶습니다.)
- 전문 용어나 생소한 단어는 쓰지 않는다.

DM은 독창적이어야 한다. 보내는 사람의 정성과 성의가 가득 담긴 DM만이 고객의 마음을 움직일 수 있다.

7장

사계 만드는 영업자는 무엇이 다른가?

THE ART OF SALES

팔지 말고 사게 하라!

표준화된 제안을 미리 구상한다

영업은 어떤 과정으로 이루어지는가? 고객을 만나면 일반적으로 다음 5단계를 거친다.

1단계, 고객을 먼저 파악한다

영업에 실패하는 사람들을 보면 고객의 취향이나 성격, 관심사, 자금 사정에는 관계없이 성급하게 결론을 강요한다. 그럴수록 고객은 강한 거절을 한다. 먼저 고객에 대해 더 많이 알 수 있는 질문을 던지고 신뢰감을 얻을 수 있는 방법을 모색해야 한다.

2단계, 호기심을 자극한다

고객의 주의를 끌기 위해서는 호기심을 자극하고 흥미를 불러일으켜야 한다. 고객의 호기심을 자극하고 싶을 때는 이렇게 질문하는 것이 효과적이다.

"고객님, 매일 담배 값 정도의 돈으로 건강 보장과 노후를 대비할 수 있는 방법이 있는데, 한번 들어보시겠습니까?"

"고객님, 현재 많은 사람들이 재테크를 하고 있습니다. 그런데 그 방법이 효과적이지 못해 재산이 늘지 않고 있습니다. 저는 이런 고민을 해결할 수 있는 특별한 방법을 알고 있습니다."

3단계, 고객을 안심시킨다

고객은 자신감 있고 열정으로 가득 찬 영업자를 만나면 이런 생각을 한다.

'이 사람은 정말 자신이 파는 상품을 확신하고 있군.'

'이토록 자신감 있게 제안을 하는 사람이라면 믿을 수 있겠어.'

결코 고객에게 불안감을 주어서는 안 된다. 고객이 안심한 표정을 짓더라도 뚜렷한 방법론을 제시하지 않으면 다시 불안해 할 수 있으므로 구체적인 방법을 제시하는 것이 좋다.

4단계, 욕구를 충족시킨다

영업자는 고객의 선택이나 행동의 결과가 어떤 것인지를 구체적으로 알려주어 그것을 얻고 싶다는 욕구를 갖게 해야 한다. 이 욕구는 고객의 의사결정과 행동의 기폭제가 된다.

"고객님, 이번 기회가 고객님에게는 평생 한 번밖에 없는 최고의 투자가 될 수 있습니다. 결코 후회하지 않으실 겁니다. 제가 제공하는 정보는 고객님이 자산을 늘릴 수 있는 가장 확실한 방법입니다."

고객의 욕구를 더 자극하려면 시각적인 자료를 보여주거나 흔히 볼 수 없는 희귀한 자료, 믿을 만한 자료, 전문 자료, 수많은 사람들의 경험을 수집한 자료 등을 제시하는 것이 좋다. 이러한 자료들은 실제 이익과 혜택 등을 나열함으로써 고객의 욕구를 자극하는데 도움이 된다. 고객에게 결정을 내려야 할 이유와 근거를 함께 제시하면 설득력을 높일 수 있다.

5단계, 결심하도록 만들기

욕구를 자극하면 동기부여가 된다. 동기부여가 잘 되면 고객은 비로소 결심을 하게 되는데, 이때는 고객이 자발적 의지로 결심하게 만들어야 한다.

고객이 마음속으로 결정을 내렸다고 해서 그것이 곧 행동으로 옮겨지는 것은 아니다. 마음속으로 결정을 내렸어도 그것을 일단 행동으로 옮기기까지는 상당한 용기가 필요하다. 따라서 영업자는 고객의 결단을 부추기기 위해서 최상의 만족과 명예, 더 큰 이익 등을 강조할 필요가 있다.

영업자는 고객을 만나기 전에 머릿속으로 완벽한 제안을 미리 구상해야 한다. '표준화된 제안'이야말로 가장 훌륭한 영업 테크닉이다. 논리적으로 차근차근 전개되는 하나의 제안을 미리 만들어 놓으면 다음과 같은 이점이 있다.

- 알맞은 표현을 찾느라 애쓸 시간에 말투나 목소리, 자세 등에 더 신경을 쓸 수 있다.
- 균형 잡힌 완벽한 제안을 할 수 있다.
- 제안 내용에 논리적인 체계가 세워지기 때문에 판매 종결에 이르

는 데 더욱 효과적인 패턴을 취할 수 있다.

- 상담 시간을 절약할 수 있다.
- 초보자라 할지라도 더듬거리거나 실수하지 않고 효과적으로 상담을 진행할 수 있다.

영업에 성공하는 비결은 표준화된 제안을 만드는 것이다. 그러면 빠른 시간에 고객의 욕구를 파악할 수 있고 그 필요를 얻도록 도와줄 수 있다.

나는 하루에 10분 이상 거울 앞에서 표준화된 제안을 연습했다. 좋은 인상으로 표현력을 갈고닦았다. 상담 내용을 녹음하여 즉시 고쳐야 할 점도 찾아냈다. 똑같은 단어의 반복, 길고 산만한 문장, 무미건조한 내용, 치밀하지 못한 소개말 등을 고치고 다듬는 것은 매우 중요하다. 자기주장을 명확히 하면서 짧은 문장으로 말하는 연습을 해야 한다. 임팩트를 넣어 짧게 말하는 습관은 설득력을 높이는 최고의 방법이다.

영업은 건전한 다단계 사업이다

우리 동네에는 장사가 잘되는 옷가게가 하나 있다. 나는 이 가게가 왜 장사가 잘되는지 궁금했다. 여성 옷만 팔기에 아내와 함께 그 가게를 가보았다. 인테리어가 깔끔했고 판매하는 옷도 품위가 있게 느껴졌다. 그 가게 주인은 표정이 밝았고 세련된 여성이었다.

가만히 살펴보니 이 가게의 판매 방식은 참으로 특이했다. 그 중 몇 가지만 소개하겠다.

첫째, 손님에게 신뢰를 판다. 가게 주인은 손님이 오면 피부가 좋다, 신발이 예쁘다 하면서 칭찬을 한다. 그리고 "전에 인테리어 공사한다더니 잘 마무리했어요?" 하면서 손님의 근황을 묻는다. 그러다가 손님이 옷을 골라서 입어보려고 하면 그때서야 사이즈를 확인해주고 어울릴 만한 옷도 코디해준다. 그러면서 "이렇게 입으면 예쁘겠어요"라고 말한다. 그 말 속에는 손님이 아름답게 옷을 입을 수 있도록 도와주려는 마음이 진심으로 느껴진다.

둘째, 팔려는 욕심을 내보이지 않는다. 손님이 입어본 옷이 전체적으로 조화가 안 되면 여주인은 "이 옷은 안 어울려요" 하면서 진심으로 조언한다. 다른 가게에서는 손님에게 옷이 안 어울려도 팔기만 하면 된다는 생각으로 장사를 하지만 이 옷가게는 그런 가게와는 거리가 멀다.

셋째, 손님이 손님에게 판다. 이 가게에는 단골손님이 많은데, 지나가는 길에 잠깐 들르기도 한다. 가게 안에는 푹신한 소파가 있고 먹을 거리가 항상 탁자에 마련되어 있어서 여자들이 모여 수다를 떨기에 좋은 장소다. 서로 왁자지껄 대화를 하다가 어느 손님이 "저 옷 신상품이에요?" 하면서 옷을 걸치면 다른 손님들이 "정말 예뻐요. 저 옷 임자는 따로 있었네" 하면서 적극적으로 분위기를 띄운다. 이 옷가게는 손님이 손님에게 옷을 팔아주기 때문에 주인은 친근감을 표현하면서 수월하게 장사를 하고 있다.

영업은 이렇게 하는 것이다. 영업을 할 때는 무조건 고객을 즐겁게 해주어야 한다. 그렇게 해야 고객이 만족하고 다른 고객을 소개해준다.

어떤 식당에서는 단골손님에게 특권 의식을 불어넣는다. 식당 주인은 단골손님이 오면 "특별히 잘해드려요!" 하고 외친다. 실제로 나오는 음식의 양과 질은 똑같지만 단골손님은 특별대우를 받는 것 같아서 기분이 좋아진다.

영업은 다양한 사람들과의 관계 속에서 이루어진다. 고객과 함께 성장해간다는 생각으로 영업을 하면 단골 고객을 만드는 것은 시간문제다.

장군을 쏘려면 우선 장군이 탄 말을 쏴라

교육 상품을 파는 영업자들은 부모보다 먼저 아이들을 공략하는 경우가 많다. 왜냐하면 아이들을 자기편으로 만들면 부모에게 "엄마, 이 책 사줘요" 하면서 아이가 조르고 떼를 쓰기 시작하기 때문이다. 아이가 영업자를 대신해서 부모를 설득해 주는 셈이다.

"장군을 쏘려면 우선 장군이 탄 말을 쏴라"는 말이 있다. 이것은 영업에서도 그대로 적용할 수 있다.

어느 백화점 여성의류 매장 판매원은 부부가 같이 옷을 사러 오면 여성보다는 남성을 먼저 공략한다.

"어머, 사모님 옷을 직접 골라주시려고 나오셨어요?"

남자들은 칭찬에 약하다. 그런 다음 판매원은 여성 고객에게 "이렇게 자상한 분하고 사시니 사모님은 정말 좋으시겠어요"라고 말한다. 옆에서 이 말을 듣고 있는 남자는 흐뭇한 표정을 짓는다.

여성 고객이 마음에 드는 옷을 골라 탈의실에 들어가면 판매원은 남자에게 결정적인 말을 한다.

"사모님이 옷을 입고 나오시면 진짜 예쁘다고 말해주세요. 여자는 예쁘다는 말을 제일 좋아해요."

이쯤 되면 남자는 아내가 옷을 입고 나오면 "당신 진짜 예쁘다. 그 옷하고 잘 어울리는데"라고 한다. 판매원은 이 기회를 놓치지 않고 여성 고객에게 이렇게 말한다.

"사모님, 이 옷이 요즘 가장 인기 있는 스타일이에요. 좀 비싸긴 한데, 사장님이 사주신다고 하실 때 얼른 입으세요."

여성 고객은 비싼 가격 때문에 망설이면서 남자의 눈치를 살핀다. 이런 상황에서 남자는 자존심 때문에라도 지체 없이 말한다. "여보, 그거 사줄게. 예쁘게 입어."

판매원은 지혜롭게 남성과 여성의 심리를 이용하여 판매를 종결시킨다. 판매원은 눈치가 빨라서 여성 고객이 이미 상품에 호감을 가졌음을 알았다. 그래서 남자를 적극적으로 개입시켰다. 무엇을 팔든지 "장군을 쏘려면 우선 장군이 탄 말을 쏴라"는 말을 기억하기 바란다.

고객 스스로 찾아오게 하라

서울 마포구의 한적한 주택가 골목. 매일 오후 3시쯤 되면 이 골목의 빵집 앞에는 사람들이 길게 줄을 서 있다. 그곳은 동네에서 흔히 볼 수 있는 빵집이다. 사람들이 이곳에서 사가는 것은 식빵이다. 이 빵집 주인은 동경에 있는 제빵학교에서 공부하고 여느 빵집과 다를 바 없는 가게를 운영해오다 20년 전부터 식빵 하나만 만들어 팔고 있다. 세월이 느껴지는 작고 허름한 가게는 온통 식빵 천지인데, 가게 안에는 그윽한 버터향이 코를 찌른다. 갓 구워진 뽀얀 살결의 식빵이 촌스럽지만 정직함이 묻어나는 포장지에 툭툭 담긴다. 위쪽 선반에는 곱게 갈린 빵가루가 줄지어 있다.

식빵은 취향에 따라 통식빵 또는 슬라이스로 주문할 수 있다. 어느 것 하나 빠지지 않는 맛이지만 식빵의 살아있는 결을 제대로 느끼기엔 통식빵이 제격이다. 네모난 식빵을 손으로 뜯으면 마치 닭 가슴살을 찢는 듯 촉촉하면서도 쫄깃한 결이 따라온다.

이 빵집은 매일 한정 수량만 만들어 팔기 때문에 오후 서너 시쯤이면

빵이 다 떨어져서 살 수가 없다. 그래서 사람들이 줄을 서서 식빵을 사가고 있는 것이다.

나는 궁금해서 주인에게 물었다. "장사가 잘되는데 왜 많이 만들어서 팔지 않습니까?"

주인은 웃으면서 말했다. "딱 이만한 양이 좋습니다."

빵집 주인의 얘기를 듣다보니 가게가 잘되는 몇 가지 힌트를 얻을 수 있었다.

첫째, 빵집 주인은 가게를 시작할 때 '어떤 손님을 타깃으로 한 가게를 할까, 어떤 가게를 해야 잘될까?'를 먼저 궁리하지 않고 '어떤 가게를 해야 내가 즐거울까?'를 먼저 생각했다고 한다. 자기만의 가치관이 있는 가게, 그래서 손님들이 멋지다고 말해 줄 수 있는 가게를 만드는 게 목표였다고 한다. 내가 보기엔 식빵의 맛도 좋지만 손님이나 자신을 위해서 기쁘게 빵을 만드는 주인의 자세 때문에 장사가 잘되고 있는 것처럼 보였다.

둘째, 그 빵집은 늦게 오면 살 수 없다는 명분을 고객에게 심어줌으로써 고객들이 스스로 찾아오게 만들었다. 한정 판매가 고객을 찾아오게 만드는 요인인 셈이다. 손님이 찾아오게 하는 이유를 만들어 주면 사람들은 소문을 듣고 멀리서도 찾아온다.

심리학에 '희소성의 법칙'이란 게 있다. 상품이건 기회이건 얻기가 힘들수록 매력적으로 느끼게 되고 설득성, 평가성이 높아진다는 개념이다. 사람들은 구하기 힘든 것은 가치가 있는 것으로 평가한다.

서울 명동에 70년 역사를 자랑하는 곰탕집이 있다. 이 식당은 한우 암소의 사골과 양지, 곱창, 대창, 양포, 곤자소니를 큰 솥에 넣고 끓인다. 양지와 양포를 먼저 건져낸 뒤, 서너 시간 뭉근히 끓여 기름을 말끔히 걷어낸다. 이 맑은 탕에 밥을 말고 양지 수육을 얹어낸다. 이 곰탕집도 대략 오후 4시 전후에 장사를 마친다. 그 이유는 그날 들여온 재료만 만들어 팔기 때문이다. 그러다보니 단골손님들은 문 닫기 전에 서둘러서 이 집을 찾는다.

영업을 하는 사람은 손님 스스로 찾아오게 만드는 이 비결을 다시 한 번 생각해볼 필요가 있다.

고객의 카운슬러가 되라

실적이 가장 저조한 영업자는 딱 세 마디 말로 영업을 하고 있다.

"이거 하나 사세요! 왜 안 사세요? 좀 도와주십시오!"

웃을 일이 아니다. 많은 영업자들이 고객의 마음을 헤아리기는커녕 고객에 관한 아무런 정보도 없이 불쑥 찾아가서 상품을 강매하는 것이 현실이다. 이런 사람들에게 영업의 목적은 고객의 호주머니를 우려내는 것이다. 고객의 진정한 니즈를 들으려 하지 않고 그저 파는 일에만 집착한다면 절대로 성공할 수 없다.

일본에서 '경영의 신'으로 불리는 마쓰시타 고노스케는 이렇게 말했다. "영업이란 고객의 불편한 점을 해소해 주는 대가로 돈을 받는 일이다."

영업의 고수는 고객들이 진정 필요로 하고 원하는 것을 얻도록 돕는 것이 영업의 목적이라고 생각하고 기꺼이 고객을 위한 카운슬러가 된다. 그들은 고객의 문제를 해결하는 상담자의 역할을 하고 있다.

영업을 잘하는 방법은 지극히 단순 명료한데, 그것은 이런 질문에서부터 시작된다.

"고객님께서 진정으로 원하는 것은 무엇입니까?"

그런데 영업자들은 이 질문을 건너뛰고 자신의 상품이나 서비스만을 강요한다.

영업 현장에서 흔히 볼 수 있는 대화를 예로 들어보겠다.

고객: 인테리어에 대해서 궁금한 게 있는데요.

건축업자: 예, 말씀하세요.

고객: 아파트 인테리어를 새로 하고 싶은데 평당 얼마 정도 예상하면 될까요?

건축업자: 어떻게 인테리어를 하느냐에 따라서 천차만별인데요. 보통 평당 30만 원 정도 보시면 됩니다.

고객: 평당 30만 원이요?

건축업자: 견적을 내야 하니까 한번 찾아뵙고 싶은데요.

고객: 아니오. 제가 다시 전화하겠습니다.

이 대화 내용에서 건축업자는 무엇을 놓쳤을까? 그것은 고객이 진정으로 원하는 것이 무엇인지 질문하지 않은 것이다. 이와 비슷한 일이 영업 현장에서 빈번하게 벌어지고 있다. 하지만 열에 아홉은 자신이 무엇을 잘못했는지 깨닫지 못한다. 고객은 평당 30만 원이라는 말을 듣고 '너무 비싸다. 인테리어를 새로 해야 할까?'라는 생각을 했을 것이다. 영업의 고수는 이런 경우에 고객의 협력자가 되어 상담을 진행한다. 고객의 니즈를 단순히 채워주는 대신 고객과 협력하여 고객에게 최선의 해결책을 찾아주는 것이다.

고객의 구매 욕구를 자극하라

우리는 안 팔리는 것은 팔리게 하고, 잘 팔리는 것은 더 많이 팔리게 하는 것이 영업이라고 생각한다. 틀린 말은 아니다. 그런데 먼저 고객을 존중하는 마음을 갖지 않고서는 영업을 잘할 수 없다. 그런 마음이 없으면 절대로 고객의 진심을 파악할 수 없고, 그러면 고객의 문제를 해결해 줄 수도 없다.

영업은 영업자가 자신의 지식, 경험, 기술을 활용하여 고객이 고민하고 있는 문제를 해결하는 과정이다. 고객의 숨은 니즈를 찾아내기 위해서는 다양한 정보가 필요하며 보다 많은 정보를 얻기 위해서는 고객을 존중하는 자세가 필수적이다.

예를 들어, 안경점을 찾은 손님이 렌즈를 바꾸러 왔다고 하자. 이때 영업자는 고객이 현재 쓰고 있는 안경테가 얼굴 형태와 맞지 않아서 좋은 인상을 살리지 못한다는 점을 간파했다. 그래서 일단 고객의 요구대로 렌즈를 바꿔 주면서 안경테에 따라 인상이 얼마나 차이가 나는지 넌지시 말해주었다. 그런 다음 고객에게 어울리는 안경을 써보라고 권했다. 영업자가 고객의 문제를 해결해주고 싶은 마음으로 권한 것이 진심으로 받아들여지면 고객은 렌즈와 함께 안경테도 바꿀 것이다.

고객들은 바쁘기도 하지만 구매하는 상품마다 일일이 따지고 신경을 쓰는 게 귀찮아서 상품을 구매할 때 확실한 판매처를 물색하려는 경향이 강해졌다. 일단 한번 거래를 한 후에 상품의 질이 양호하고 서비스도 괜찮고 영업자의 태도가 친절하며 방문할 때마다 항상 신경을 써주면 고객은 안심하고 서서히 단골이 되어 간다.

이에 대해 한 가지 사례를 살펴보겠다. 내 사무실로 자동차 영업자가 찾아왔다. 그는 BMW 카탈로그를 보여주면서 이렇게 말했다.

영업자: 고객님, 자동차를 구입할 생각이 있으십니까?

고객: 지금은 구입할 생각이 없는데요.

영업자: 고객님께서는 어떤 자동차를 타고 계십니까?

고객: SM5를 타고 다닙니다.

영업자: 그러시군요. 성능 좋고 안락하고 디자인도 좋은 BMW로 바꿀 생각은 없으신가요?

고객: 관심 없습니다.

영업자: 그럼 언제 구입할 계획이십니까?

고객: 글쎄요. 아직은 계획이 없습니다.

영업자: 예, 알겠습니다. 다음에 또 찾아뵙겠습니다.

이 영업자가 무엇을 잘못했는지 눈치 챘는가?

며칠 후 BMW에서 다른 영업사원이 찾아왔다.

영업자: (공손히 두 손으로 명함을 주면서) 사장님! 안녕하십니까? BMW의 이○○입니다.

고객: 아 예. 실례지만 무슨 일로…….

영업자: 다름이 아니오라 사장님처럼 성공하신 분들에게 최고에 걸맞은 명예와 자존심을 지켜 드리는 차가 있는데 한번 확인해 보시겠습니까?

고객: 글쎄요. 아직은 고가의 차에는 관심이 없는데…….

영업자: 사장님은 사업을 하시니까 다양한 직종의 사람들을 만나고 계시죠? 그분들은 사장님을 처음 만날 때 첫인상을 중요하게 볼 겁니다. 보통 첫인상은 3초 안에 결정된다고 하지 않습니까? 저는 사장님이 만나시는 분들로부터 존경을 받고 또 좋은 인상을 심어 주어야 한다고

생각합니다. 그렇지 않습니까?

고객: 물론 그렇죠. 그런데 저는 지금 타고 있는 차에 충분히 만족하고 있습니다.

영업자: 사장님, 물론 만족하고 계시겠지요. 사장님은 능력이 뛰어나신 걸로 알고 있습니다. BMW 차를 타고 다니시면 고객들은 최고의 재정설계사와 계약했다는 느낌을 받을 것입니다. 고객들이 왜 비싼 보험료를 내면서 충분한 보장을 누리려고 하겠습니까? 그만큼 미래에 대한 안정감과 편안함을 기대하기 때문에 비싼 보험료를 내면서까지 보험에 가입하는 것 아니겠습니까?

고객: 그거야 그렇죠!

영업자: 마찬가지로 사장님께서도 미래에 대한 안정과 편안함, 그리고 세련되고 품위 있는 멋진 모습, 이 모든 것을 함께 누려야 하지 않겠습니까?

고객: 물론 좋은 생각이지만 저는 아직까지 외제차를 살 마음이 없습니다. 다음에 필요하게 되면 연락을 드리겠습니다.

영업자: 사장님! 언제 필요하다고 생각하십니까?

고객: 글쎄요. 어느 정도 자금의 여유가 있을 때 고려해 보겠습니다.

영업자: 사장님은 이 분야에서 성공의 기반을 닦으셨고, 이 일을 앞으로도 계속 하시리라 저는 믿어 의심치 않습니다. 저는 사장님이 성공하고 나서 이 차를 살 것이 아니라 더 큰 성공을 위해서 이 차가 지금 반드시 필요하다고 말씀드리고 싶습니다. 그리고 이 차는 사장님의 더 큰 성

공을 앞당겨 드릴 것입니다. 뿐만 아니라 사장님의 안전함도 지켜 드릴 것입니다. 보험도 불확실한 미래를 위해 준비하듯 사장님의 안전도 지금 준비해야 되지 않겠습니까?

고객: 듣고 보니 일리가 있는 말씀 같습니다. 다시 한 번 곰곰이 생각해 보겠습니다.

나는 영업자가 사무실 문을 열고 나갈 때까지 그의 뒷모습을 물끄러미 바라보았다. "성공하고 나서 이 차를 살 것이 아니라 더 큰 성공을 위해서 이 차가 지금 반드시 필요하다"는 그의 말이 귓가에 맴돌았다. 얼마나 멋진 말인가!

먼저 방문한 영업자는 고객에 대해서는 관심이 없고 오로지 판매에만 몰두했다. 그러나 두 번째 방문한 영업자는 자동차 판매보다는 고객이 차를 구입함으로써 얻을 수 있는 이익과 가치를 충분히 알려주려고 노력했다. 특히 내가 차를 구매함으로써 고객들이 최고의 재정설계사와 상담한다는 느낌을 받을 것이라는 말이 인상적이었다.

그날 이후 나는 일주일 동안 차를 살까 말까 고민했지만 참으로 즐거운 시간이었다. BMW를 타고 다니는 최고의 재정설계사를 상상했기 때문이다. 나는 영업자에게 전화를 했다.

"내일 당장 와주시오."

다음날 나는 흔쾌히 계약을 했다. 사실 차를 바꿀 때는 되었지만 고급 외제차를 구입할 생각은 전혀 없었다. 하지만 영업자의 호소력 때문에 기쁘고 설레는 마음으로 BMW를 구입했던 것이다.

눈에 꽂히는 카피를 써라

사람들은 청각보다는 시각적인 요소에 더 끌린다. 따라서 고객에게 정보를 제시할 때는 말보다 인쇄된 자료나 공식 문서가 더욱 설득력을 갖는다. 나는 연금보험의 필요성을 강조할 때는 노령화와 평균수명 연장, 자식의 부모 공양 문제 등을 말로써 길게 설명하지 않고 그것을 통계로 나타낸 그래프 자료나 스크랩한 신문 기사를 보여주었다. 눈과 귀를 동시에 자극할 때 고객은 더욱 집중하고 생생하게 기억한다.

그렇다고 흔하디흔한 영업용 팸플릿을 보여주면서 지극히 평범한 영업용 대사를 남발해서는 안 된다. '놀랄 만한 무언가'를 준비하지 않으면 고객은 관심조차 보이지 않는다. 요즘 고객들은 영업자의 말을 느긋하게 오래 들어주지 않는다. 그래서 나는 자료를 만들 때 특히 눈에 꽂히는 카피에 대해 오랜 시간 연구했다. 첫눈에 고객의 눈을 사로잡는 카피를 써야 고객에게 깊은 인상을 남길 수 있기 때문이다.

요즘 거리를 지나다보면 로또 판매점 앞에 이런 선전 문구를 붙여놓았다.

"샀다 하면 당첨되는 곳!"

"로또 명당! 1등 3번, 2등 18번 당첨!"

학원가에 설치된 현수막도 마찬가지다.

"5년 동안 서울대, 연세대, 고려대 370명 합격!"

"○○학원 등록하면 무조건 명문대 간다!"

이런 문구는 그다지 품위는 느껴지지 않지만 시선을 잡아끄는 것만은 틀림없다. 감정을 흔들고 호기심을 자극하는 카피를 써야 한다.

이것은 영업을 할 때도 마찬가지다. 고객의 감정을 흔들기 위해서는 고객이 직면한 문제가 무엇인가를 파악한 다음에 그 문제에 철저히 초점을 맞추어 불안감을 고조시킨 후 "저는 그 문제를 이렇게 해결해 드릴 수 있습니다"라는 식으로 제시해야 한다.

이러한 순서로 말하면서 눈에 꽂히는 시각적인 자료를 제시하면 고객의 관심을 끌어낼 수 있을 것이다.

결정권자와 상담하라

내가 세일즈를 할 때 처음으로 개척한 기업체는 D전자였다. 그곳에서 만난 고객은 내가 전달한 정보에 매우 흡족해하면서 보험에 가입하겠다고 했다. 그런데 계약을 하려고 찾아갔더니 뜻밖의 얘기를 했다.

"아내가 보험에 가입하지 말라고 하네요."

"예? 그게 무슨 말씀이신지……."

"이미 보험을 든 것이 있는데 또 무슨 보험을 드느냐고 펄쩍 뜁니다."

그는 미안한 표정을 지으면서 "그럼 바빠서 이만……" 하고 사무실로 들어갔다.

나는 허탈한 마음을 가눌 수가 없었다. 그 일 이후에도 여러 번 똑같은 경험을 했다. 그래서 나는 상담이 끝난 직후에는 마지막으로 한 가지를 더 질문하는 습관이 생겼다.

"이것을 누가 결정하십니까?"

D전자의 또 다른 고객이 부인과 의논해 본다고 했을 때 나는 적극적으로 두 분을 함께 만나고 싶다는 의사를 전달했다.

"선생님은 제 설명을 완전히 이해하셨습니다. 그리고 오늘 제가 드린 말씀을 사모님께서도 듣는다면 분명 만족하실 것입니다. 그런데 선생님이 오늘 들으신 내용을 사모님께 100퍼센트 전달하실 수 있겠습니까? 사모님께서 궁금해 하거나 의문점이 있을 경우 그것에 대한 답변을 충분히 할 수 있어야 현명한 결정을 내리실 수 있는데, 솔직히 제 입장에서는 그 점이 우려됩니다."

"그렇긴 하죠."

"무엇보다 현명한 결정을 내리기 위해서는 사모님이 궁금해 하시는 의문점을 풀어드리고 100퍼센트 만족하신 상태에서 가입을 하셔야 되지 않겠습니까? 결정을 잘못 내리시면 나중에 두 분이 후회하실 수도 있습니다. 그래서 두 분을 함께 모시고 다시 한 번 상담을 해드리고 싶습니다."

몇 차례 권유 끝에 고객의 가정을 방문했다. 몇 가지 의문점에 대해 충분히 납득하도록 설명하자 부부는 가입을 결심했다. 만약 고객의 부인을 만나지 않았다면 계약이 성사되기 어려웠을지도 모른다.

고객을 만나 상담을 할 때는 다음과 같은 질문을 하여 추가적인 내용을 알아내야 한다.

- 고객은 상품이나 서비스에 대해 어떠한 필요성을 가지고 있는가?
- 상품을 구매하는데 누가 결정권자인가?
- 결정을 혼자서 했는가, 아니면 다른 누군가가 있었는가?
- 고객은 지불할 능력이 있는가? 고객의 재정 상태는 어떤가?

이러한 질문은 고객이 상품을 구매할 수 있는 자격이 있는지 없는지를 결정하는 근거가 된다.

고객의 재정 상태를 파악하라

고객의 재정 상태는 매우 중요하다. 고객을 발굴한 뒤에 상담을 하고 계약 성사를 눈앞에 두고 있는데, 고객의 재정 상태가 좋지 않다면 결국 시간만 낭비하는 꼴이 된다. 나에게도 그런 일이 있었다.

나는 꾸준히 식사를 하러 갔던 음식점 사장을 내 가망고객으로 생각했다. 거의 매일같이 그 식당에 가서 식사를 했고, 어떤 때는 동료들을 데려가기도 하고 여러 차례 회식도 했다. 그리고 몇 달 후, 이 정도면 친숙한 관계가 됐다 싶어서 보험 가입을 권유했다. 그런데 평소 내 팬이라고 생각했던 사장은 생각지도 못한 말을 꺼냈다.

"지금 당장이라도 정훈 씨가 설명해준 대로 가입하고 싶은데, 사실은 부담이 되네요."

내가 의아해 하는 것을 보고 사장은 침통한 표정으로 말을 이어갔다.

"사실 이 식당을 차리면서 2억 원의 빚을 졌어요. 대출 원금과 이자를 한꺼번에 갚다 보니 부담이 너무 큽니다. 더군다나 6개월 동안 장사가 계속 마이너스예요."

식당 사장의 입장이 이해가 되면서도 한편으로는 그동안 먹은 밥값과 회식비, 시간과 노력 등 모든 것이 물거품이 되는 기분이 들었다. 무엇보다 혼자서 북 치고 장구 치듯이 '음식점 사장은 적어도 종신보험 2억에 연금까지 하면……' 이렇게 예단하며 반복해서 시나리오를 써온 내 자신이 부끄러웠다.

고객의 상황은 묻지 않고 혼자서 가망고객이라 판단하고 미리 많은 시간과 노력과 비용을 들여서는 안 된다. 고객의 재정 상태를 먼저 파악하는 것이 효과적인 영업의 시작이다. 나는 음식점 사장을 통해 이 사실을 뼈저리게 느꼈다.

나는 똑같은 실수를 반복하지 않기 위해 자영업을 하는 고객들을 만날 때는 미리 재정 상태를 파악했다. 그리고 큰 기대를 하며 돈과 시간을 투자하기보다는 그 고객을 위해 내가 도와줄 수 있는 부분이 무엇인가를 먼저 파악하고, 고객의 재정적 안정을 도와주기 위해 노력했다.

8장

첫인상은 매너가 좌우한다

THE ART OF SALES

팔지 말고 사게 하라!

세련된 매너를 갖춰라

메라비안Albert Mehrabian의 법칙에 의하면, 처음 만난 사람의 인상은 자세나 표정 같은 신체언어가 55퍼센트, 목소리가 38퍼센트의 영향을 미치고, 대화 내용은 단지 7퍼센트의 영향을 미칠 뿐이라고 한다. 이것은 영업을 할 때 특히 참고해야 할 사항이다. 자세나 표정, 목소리에 신경을 쓰면 고객에게 좋은 인상을 줄 수 있다. 고객을 만나기 전에 '어떤 말을 할까'를 생각하는 것도 중요하지만 먼저 몸가짐을 바로 하고 표정이나 목소리를 밝게 해야 한다.

실제로 고객은 영업자의 화술이나 선전 내용에 납득하여 구매를 하는 것이 아니라 감정으로 판단하는 경우가 많다. '저 영업자는 자세가 반듯하다', '웃는 모습이 호감이 간다' 등의 호의가 구매의 기본적인 동기처럼 느껴질 정도다.

첫인상은 그야말로 '얼핏 보는' 것이다. 머리는 단정한지, 깔끔한 복장을 하고 있는지, 걸음걸이는 당당한지, 인사는 예의를 갖춰 하는지, 이런 것은 첫인상에 큰 영향을 미친다. 이것은 기본적인 사항이지만 처음에는 이런 것으로 영업자를 판단할 수밖에 없다. 그러므로 기본적인 몸가짐과 자세, 매너를 우습게 봐서는 안 된다. 자신의 외양을 객관적으로 분별하고 고객에게 호감을 줄 수 있는 자세나 행동, 매너를 갖추도록 노력해야 한다. 이런 모습 하나하나가 영업자가 얼마나 준비된 사람인지를 말해준다.

영업자는 항상 고객의 기분이 상하지 않도록 매너를 체크해야 한다. 여기서 매너란 마음가짐, 태도, 몸가짐, 예절, 복장, 화술 등을 말한다. 고객은 영업자가 무례한 태도를 보이거나 일에 대한 열정이 없어 보이면 불만을 드러낸다. 첫인상이 나쁘게 박히면 그것을 회복하기는 어렵다. 첫인상은 아주 짧은 순간에 결정된다는 것을 염두에 두고 세련된 매너를 갖추도록 하자.

인사 하나를 하더라도 정중하게 해야 한다. 인사는 그냥 형식에 불과한 것이 아니다. 한 존재에 대한 인정이자 존중의 표현이다. 인사하는 것을 보면 영업자가 교양 있고 예의를 갖춘 사람인지 아닌지 금방 알 수 있다. 들어오고 나가는 고객에게 인사하는 행위를 허투루 여기지 마라. 사소하지만 정성스런 인사 하나가 굳게 닫힌 고객의 마음을 열게 한다. 매장에 들어설 때는 환영받고 있다는 느낌을 주고 고객이 구매를 하고 돌아갈 때는 만족감을 가지고 돌아가도록 세심하게 배려해야 한다.

옷차림도 전략이다

"옷차림도 전략이다"라는 말은 비즈니스 세계에서 불멸의 진리다. 특히 고객에게 신뢰를 주어야 하는 영업자에게 옷차림은 첫인상을 결정짓는 중요한 요소다.

얼마 전에 어떤 여성이 새로 나온 정수기를 영업하기 위해 사무실에 들른 적이 있다. 그녀는 가슴이 살짝 드러나 보이는 셔츠에 미니스커트를 입고 있었는데, 솔직히 눈길을 어디에 두어야 할지 모를 정도였다. 그녀의 옷차림은 매력적으로 보이기는 했지만 영업자의 적절한 옷차림은 아니었다. 나는 그녀의 말을 듣고는 있었지만 정신을 집중하기가 어려웠다.

여성 영업자의 경우는 옷을 잘 입으면 사람들의 시선을 확실히 끌 수는 있다. 그러나 과도한 노출은 오히려 역효과가 날 수 있다. 자신의 능력으로 사람들에게 좋은 인상을 주기 전에 먼저 사람들의 눈요기가 되어서는 안 된다.

영업자의 옷차림이 후줄근하고 세련되지 않을 때 고객들은 이렇게 생각한다. '옷 입는 센스 하나 없다면 소개하는 상품도 빤할 거야.'

정장 신사복을 파는 가게에 들어갔는데 후줄근하게 입은 직원이 고객을 상담한다고 상상해 보라. 화장품을 판매하는 여성이 전혀 화장하지 않은 맨얼굴로 고객을 응대한다고 상상해 보라. 또는 회원을 모집하는 헬스장 직원이 가슴이 축 늘어지고 배가 나온 사람이라고 상상해 보라.

영업자가 외모에서 나쁜 인상을 준다면 그 이미지는 바로 상품의 이미지와 직결되어 판매에 좋지 않은 영향을 미친다.

외모를 가꾸는 사람은 연봉이 높다

미국 세인트루이스 연방은행의 이코노미스트가 발표한 자료에 따르면, 학력이나 경력 등의 조건이 모두 동일할 때 외모가 뛰어난 사람은 보수가 더 높았다고 한다. 외모와 능력은 별 관련이 없는데도 사람들은 외모만 보고 호감이나 신뢰도를 재빨리 판단해 버리는 것이다.

내가 톱 세일즈맨이 되었을 때의 일이다. 한 시간 동안 상담을 했지만 고객은 "상품은 좋은 거 같은데, 좀 더 생각을 해보겠습니다" 하고 결정을 미루었다. 며칠 후 고객의 사무실에 다시 찾아갔다. 고객은 계약을 또 미루었다. 두 번이나 헛걸음하게 만든 것이 미안했는지 고객은 주차장까지 배웅해 주었다. 인사를 하고 차에 올라타는데, 고객은 내 차를 보면서 말했다.

"와~ 부럽습니다. 듣던 대로 정말 성공하신 분이군요."

나는 순간적으로 고객의 목소리와 태도가 사뭇 달라졌음을 느꼈다. 내가 주차장을 빠져나갈 때까지 고객이 지켜보는 것을 사이드미러로 확인할 수 있었다. 아마도 고객은 그 당시 흔치 않았던 고급 외제차를 보고 꽤 놀랐던 것 같다.

그는 아마도 이런 생각을 했을 것이다. '고급 외제차를 타는 사람이 성실하게 편지도 보내고, 전화 예절도 깍듯하고, 두 번씩이나 찾아온 걸 보면 역시 성공한 사람은 다르군.'

물론 이것은 나만의 생각일 수도 있다. 그러나 적어도 내가 타고 다니던 비싼 외제차가 고객에게 믿음을 준 것은 확실하다. 고객은 다음 방문 때 아주 편안하게 계약서에 서명을 했다.

'고급 자동차를 타는 사람은 성공한 사람이다'라는 말이 꼭 맞는 것은 아니다. 그러나 타고 다니는 자동차를 보고 사람의 생활 방식, 경제 수준, 성공 여부를 판단하는 게 일반적이다. 영국 속담에 "깨끗한 의복은 매우 좋은 소개장이다"라는 말이 있다. 때로는 고급 자동차가 좋은 소개장이 되기도 한다.

미소는 행운을 부른다

고객의 얼굴은 영업자를 만날 때 대부분 굳어 있다. 구매를 강요할까봐 경계심을 가지고 있기 때문이다. 이때 영업자가 환하게 미소를 지으면 굳게 닫힌 마음이 조금씩 열리기 시작한다. 고객을 만날 때는 "무슨 좋은 일 있어요?"라고 고객이 물어볼 정도로 환하게 미소를 짓는 것이 좋다. 간혹 막무가내로 클레임을 거는 고객들이 있는데 그럴 때도 미소로 보호막을 치면 곤란하고 난처한 상황을 행운의 기회로 바꿀 수도 있다. 영업자가 환한 미소를 지으면 고객도 함께 행복해진다.

어느 매장에 가면 직원들의 입꼬리가 한껏 올라가 있다. 웃으면서 일하기 때문이다. 돈 버는 매장과 실적이 좋은 영업자의 공통적인 특징은 표정이 밝고 웃음이 몸에 배어 있다는 것이다. 하루 일과를 시작하는 아침에 "고객이 왕이다", "고객이 돈을 벌어 준다"고 아무리 외치고 교육을 시킨다고 해도 정작 매장에서 일하다 보면 웃을 일보다는 짜증나는 일이 훨씬 많다. 그런데 짜증이 날 때나 힘들 때 웃을 수 있는 여유를 가지면 그야말로 고객을 왕처럼 모시면서 돈을 벌 수도 있다.

그러나 장사가 안 되는 매장은 직원들의 표정이 밝지 않다. 자신의 감정과 기분에 따라 일하기 때문이다. 실적이 나쁜 영업자를 가만히 보면 그 이유가 고객의 거절 때문만은 아니다. 영업자가 스스로 걱정이나 두려움, 좌절 등 자신의 감정 통제에 이미 실패했기 때문이다. 얼굴을 찡그리고 낯빛이 어두운 상태로 고객을 응대하니 당연히 실적이 나쁠 수밖에 없다.

힘든 때일수록 웃는 게 상책이다. 그래야 좋은 일이 생긴다. 도와주는 사람이 생기고 좋은 아이디어도 얻을 수 있다. 억지로라도 웃어야 한다. 웃어야 복이 온다.

얼굴은 내 것이다. 그러니 예쁘게 가꾸고 다듬어야 한다. 그러나 표정은 내 것이 아니다. 상대방을 위한 것이다. 영업자가 웃으면 고객도 따라 웃게 된다. 스스로 밝고 행복한 웃음을 짓는 사람에게는 누구도 함부로 대하지 않는다. 오히려 유쾌하고 공손하게 대하려고 한다. 결국 사람은 자기가 어떻게 하느냐에 따라 저마다 다른 대접을 받는다.

누구나 성우처럼 말할 수 있다

앞에서도 얘기했지만 사람의 첫인상에서 목소리가 미치는 영향력은 38퍼센트에 달한다고 한다. 영업자의 목소리는 매우 중요하다. 생기가 있어야 하고 힘이 있어야 한다. 강조할 때는 강조를 해주고 끊어줄 때는 확실히 끊어주어야 한다. 목소리의 톤도 활력이 있어야 한다. 어두운 목소리는 고객을 달아나게 한다. 적절한 제스처도 필요하다. 디즈니랜드에서 일하는 직원들은 자신을 배우로 여긴다고 한다. 그렇게 교육을 받기 때문이다.

발랄한 표정으로 자신감 있게 말하는 영업자는 돈 한 푼 들이지 않고 신뢰를 얻는다. 아랫배에서 나오는 목소리는 좋은 인상을 주는 촉진제와도 같다.

말투에도 신경을 써라. 성량이 작고 발성이 나쁜 말투, 푹 가라앉는 말투, 우울한 말투, 맺고 끊지 못하고 끝없이 이어지는 말투를 쓰고 있다면 작심하고 고치는 것이 좋다. 목소리나 말투를 고치려면 녹음기에 녹음을 해두었다가 자신이 어떻게 말하는지 들어보는 것도 좋은 방법이다. 매일 아침 '오늘도 파이팅해야지'라고 다짐하며 하루를 시작하는 사람은 자신도 모르게 당당한 목소리를 낼 수 있다.

항상 아랫배에 힘을 주고 또박또박 한 글자씩 말하는 연습을 하자.

코를 손으로 막고 모음이나 자음 등을 또박또박 발음해보자. 흔히 알고 있듯 연필을 입에 물고 책을 읽는 것도 발음 교정에 큰 도움이 된다.

9장

상황에 맞는 판매 기법을 사용하라

THE ART OF SALES

팔지 말고 사게 하라!

다수의 법칙을 활용하라

일반적으로 사람들은 대세에 따르는 경향이 있다. 그렇게 하는 이유는 다수의 행동을 따라 하면 실수할 확률이 줄어들고 불이익을 당하지 않는다고 생각하기 때문이다. 또한 사람들이 소신 있게 행동하기보다는 남이 하는 대로 따라서 행동하는 습성이 있기 때문이기도 하다. 우리는 개인적으로 기부금을 내라고 하면 잘 안 내지만 회사 차원에서 기부금을 낸다고 하면 명단에서 빠져 불이익을 당할까봐 기부금을 내고, 개인적으로 무슨 서명 운동에 동참하라고 하면 잘 안 하지만 서명한 사람들의 명단을 보여주면서 서명해 달라고 하면 아무런 고민 없이 서명을 해준다.

바텐더들은 사람들의 이런 심리를 이용해 적잖은 수입을 올리고 있다. 그들은 영업 시작 전에 팁을 담는 유리병에 미리 지폐 몇 장을 넣어둔다. 그렇게 하여 팁을 주는 것이 적절한 행동이라는 인상을 손님들에게 심어주는 것이다.

다수의 행동에 편승하는 사람들의 심리를 이용한 판매 전략은 우리 주위에 너무나 많다. 영업자들이 "요즘 종신보험에 가입 안 한 사람이 있나요" 같은 말을 하는 것도 대세에 편승하게 만드는 것이다. 사람들은 잘 팔리는 상품은 따져보지도 않고 사는 경향이 있다. 많은 사람들이 좋다고 인정하면 설득 효과는 더 커진다. '많은 사람들이 샀다는데 분명히 괜찮은 상품이겠지'라고 생각하는 것이다. 주변 사람들이 모두 "최고야!", "좋아!" 하면 설령 수긍이 안 가는 부분이 있더라도 결국에는 그편에 서고 만다. 사람들에게는 근본적으로 다른 이들과 동조하려는 성향이 있다. 혼자만 동떨어져 있거나 남들과 다른 생각이나 행동을 할 때는 불안감을 느낀다.

나는 영업을 할 때 다수의 법칙을 자주 이용했다. 한 회사를 개척해서 일 년 동안 130건의 계약을 올린 적이 있다. 임직원이 600명 정도 되는 회사였는데, 고객들에게 이미 가입한 사람들의 명단을 보여주면서 신뢰를 얻었다.

나: 고객님, 여기 한번 보시겠습니까? 많은 분들이 이미 가입을 하셨습니다. 여기 명단 한 번 보시죠. 구매부의 김 과장님, 총무과 이 부장님, 인사과 박 차장님, 전산과 김 대리 등 이렇게 많은 분들이 저의 정보에 만족하시고 제 고객이 되어 주셨습니다. 이 분들 중에 혹시 아는 분이 있습니까?

고객: 어? 이명철 부장님도 가입했습니까?

나: 예, 3개월 전에 사모님과 함께 매우 만족하시면서 가입했습니다. 그리고 주위의 지인들도 소개를 많이 해주셨습니다.

고객: 그렇군요. 이 분은 꽤 까다로우신 분인데……. 굉장히 꼼꼼하신 분이라 가입이 쉽지 않았을 텐데. (신기한 듯) 이렇게 많은 분이 가입하셨어요?

나: 예, 직원 분들이 계속 소개해 주고 계십니다. 믿음과 신뢰가 바탕이 되지 않는다면 소개를 해주시겠습니까? 그리고 이렇게 많은 분들이 가입하시겠습니까? 저는 이 회사를 담당하는 자산관리사입니다. 언제든지 고객님을 비롯해 직원들께 신속하게 도움을 드릴 수 있습니다.

고객: 우리 직원들에게 인기가 많으시네요.

나: 고객님들이 모두 저를 좋게 봐주셔서 이런 결과가 있는 것 같습니다. 그리고 무엇보다도 저희 상품이 고객님들에게 최고의 만족을 주기 때문에 현명하게 선택하신 것이라고 생각합니다.

고객: (관심 있는 눈빛으로) 저도 어떤 정보인지 알려주세요.

과연 이 고객이 가입을 했는지, 안 했는지는 당신의 상상에 맡기겠다. 이런 식으로 고객을 설득해서 그 회사에서만 일 년에 130건의 계약을 했다. 다수의 법칙을 활용하는 것은 이처럼 설득력이 높다.

사진 한 장이 백 마디 말보다 낫다

고객을 설득하거나 구매를 촉진할 때 대중 매체에 소개된 기사를 은근슬쩍 테이블에 놓아두기만 해도 효과를 볼 수 있다. 이 방법은 식당에서도 자주 활용된다. 간판에 'TV ○○ 프로그램에서 방영된 맛집'이라는 문구와 사진이 대여섯 개 붙어 있다.

영업을 하다보면 백 마디 말보다 사진 한 장이 더 가치 있을 때가 있다. 사진은 일단 시각적인 정보를 주기 때문에 신선하고 흥미롭다. 한눈에 판단을 내릴 수 있는 데다 효과는 더 길게 지속된다.

어느 영업자는 카메라를 가지고 다니면서 영업에 활용하고 있다. 그는 가족 단위로 이용할 수 있는 RV나 승합 차량을 많이 판매한 영업자이다. 그는 신규 방문을 하거나 소개를 받은 고객을 방문할 때 항상 대학 노트 두께의 앨범을 들고 가서는 펼쳐 보이곤 한다. 그 앨범 속에는 고객들과 함께 찍은 사진이 백여 장 붙어 있다. 새 차를 출고하면서 축하의 뜻으로 꽃을 전달하고 그 모습을 사진으로 남겨 둔 것이다.

앨범 속의 사진을 본 고객들은 새 차 옆에서 꽃을 안고 행복해하는 자신의 모습을 상상한다. 그래서 영업자가 본격적인 상담을 하기도 전에 계약은 성사되곤 했다. 증거가 너무나 인상적이기 때문이다.

사회적 증거를 활용하라

사람들은 통계, 데이터, 추천서 등 객관적인 자료를 보면 쉽게 납득한다. 판매를 할 때는 이렇게 사회적 증거를 최대한 활용하는 게 좋다. 사람들은 자료나 사실이 뒷받침되면 잘 설득된다. 특히 다음과 같은 자료를 제시할 때 사람들을 설득하기 쉽다.

- 흔히 볼 수 없는 희귀한 자료
- 믿을 만한 자료
- 전문 자료
- 수많은 사람들의 경험을 수집한 자료
- 여러 데이터를 종합하여 만든 자료

사람들은 믿을 만한 자료를 신뢰한다. 검증된 전문 자료에 이견을 달기는 힘들다. 전문가가 아니라면 반론하기가 힘들기 때문이다. 혹시 당신에게 이런 자료가 있다면 모두 활용하는 게 좋다.

더 이상 밀어붙이는 영업은 통하지 않는다. 자료를 통해 말하고자 하는 내용을 간접적으로 주장하는 것이 효과적이다. 그것은 개인의 의견이 아니라 사회적 통계이자 증거 자료이기 때문에 설득력이 매우 높다.

요즘은 정보가 홍수처럼 쏟아진다. 따라서 고객을 설득하는데 필요한 정보를 수집하는 일이 어렵지 않다. 굳이 자료를 만들지 않더라도 당신에게 유리한 자료를 여기저기서 얼마든지 구할 수 있을 것이다.

그 밖의 증거 자료로는 다음과 같은 것들이 있다. 이것을 영업을 할 때 사용하면 효과적이다.

- 고객 명단

- 고객 추천서, 자격증, 경력
- 현장에서의 제품 시연 또는 그것을 촬영한 비주얼 자료
- 고객의 추천 내용을 담은 안내 책자나 파워포인트 프레젠테이션
- 스토리 북
- 정보를 주는 광고 스타일의 영상
- 고객 추천 인터뷰를 담은 영상 자료
- 소비자 상담 기관에서 확인한 고객들의 의견
- 웹 사이트에 올라온 고객 감사 편지나 사진

이러한 자료들은 영업자가 고객의 신뢰를 얻는데 도움이 되는 유용한 도구들이다. 고객들에게 왜 이 상품을 구입해야 하는지 그 이유와 함께 근거도 제시해 준다면 구매력을 크게 높일 수 있다.

보이지 않는 실제 이익을 팔아라

프랑스 사상가 장 보드리야드는 이렇게 말했다. "우리가 돈을 주고 사는 물건의 의미는 사용가치나 교환가치가 아니라 만들어진 기호가치다."

이해하기 어려운가? 쉽게 말하면, 사람들은 나한테 어느 정도 필요한

지 쓰임새를 따져 제품을 사는 게 아니라 "……라서 행복해요"라는 광고 문구가 만든 가상의 이미지에 돈을 쓴다는 것이다.

그렇게 따지면 의류 판매업자는 단순히 옷을 파는 것이 아니라 외모, 스타일, 명성, 자신감 등을 파는 것이다. 구두 영업자는 가죽 혹은 천으로 만든 제품을 파는 것이 아니라 발의 편안함과 맵시, 개성 있는 스타일 등을 파는 것이다. 타이어 영업자는 투박한 고무 제품을 파는 것이 아니라 안전, 걱정으로부터의 탈출, 주행 거리에 따른 저렴한 비용 등을 파는 것이다. 여행사는 낭만과 모험과 역사를 파는 것이다.

해마다 수천억 원의 화장품이 팔린다. 그러나 립스틱, 아이세도우, 볼터치 자체를 원하는 사람은 아무도 없다. 사람들이 원하는 것은 매력적인 외모다. 이성에게 더 좋은 향기를 풍기고 매력적이고 섹시하게 보이고 싶은 것이다.

미국 뉴올리언스 대학교 경영학 교수인 마이클 르뵈프는 이렇게 말했다. "내게 옷을 팔지 말고 매혹적인 외모에 대한 기대를 팔아주세요. 내게 장난감을 팔지 말고 내 아이들이 즐거워하는 모습을 팔아주세요. 나에게 물건을 팔지 마세요. 대신 꿈과 자부심과 일상의 행복을 팔아주세요. 제발 나에게 물건을 팔려고 하지 마세요."

영업자는 고객이 얻을 이익을 설명하되 창의적인 제안을 할 줄 알아야 한다. 영업의 고수는 사람들의 욕망을 만들어낸다. 화장품을 파는 고수는 "화장은 아침·점심·저녁만이 아니라 잠자는 동안에도 필요하다"고 한다. 휴대폰을 파는 고수는 "새로운 기능을 추가했으니 지금 가진 휴대폰을 바꾸라"고 한다. 욕망이 없으면 사람들은 절대로 구매하지 않는다. 영업의 고수일수록 인간의 욕망을 파고드는 수준 높은 설득 기술을 펼친다.

위기의식을 조성하라

고객은 구매를 하기 전에 항상 망설인다. 영업자는 결단을 내리지 못하는 고객을 방관하지 말고 판매를 성사시켜야 한다. 이때 가장 효과적인 방법은 판매하는 상품에 맞는 위기의식을 조성하는 것이다.

나는 영업을 할 때 고객에게 이렇게 말했다.

"고객님, 은퇴하려면 15년이 남았는데 앞으로 월급을 받을 수 있는 기간이 겨우 180번 남아 있습니다. 고객님의 노후자금뿐 아니라 자녀에게 필요한 교육자금, 결혼자금을 준비하려면 이제 180번의 월급만이 남아 있다는 얘기입니다. 목돈을 만들 수 있는 기회가 단지 180번 남았습니다. 몇 년 전에 시작했으면 준비해야 할 자금이 지금보다는 부담이 적었을 것입니다. 늦은 감이 있습니다. 지금 당장 준비하지 않으면 더 이상 많은 돈을 매월 준비할 수 없습니다. 더 늦기 전에 준비할 수 있는 방법에 대해서 제가 알려드리겠습니다."

이렇게 말하는데 걸리는 시간은 그리 길지 않다. 따라서 설명을 하더라도 마치 처음 듣는 것처럼 놀라운 내용을 소개하면서 고객의 관심을 사로잡아야 한다.

하지만 위기의식을 조성할 때 입증할 수 없는 사실을 나열해서는 안 된다. 상품 또는 서비스와 관련하여 놀라우면서도 있는 그대로의 사실을 말해야 한다. 위기의식을 조성할 때는 강하게 시작하고 강하게 마무리하는 게 좋다. 그래서 깜짝 놀라게 된다.

미국의 대통령 토머스 우드로 윌슨은 이와 관련해서 아주 실감 나는 말을 했다.

"말하고자 하는 것을 산탄총으로 쏘아서는 안 된다. 단 한 방으로 보기 좋게 쏘아 맞혀야 한다."

두려움을 갖게 하라

심리적으로 사람을 행동하도록 만드는 방법이 있는데, 그것은 두 가지다. 하나는 이익에 대한 욕구이고 또 하나는 손실에 대한 불안감이다. 이 중에서 동기부여가 잘되는 것은 손해나 위험이 뒤따를지 모른다는 두려움과 불안감이다. 나는 고객이 손해에 대한 두려움을 갖도록 이렇게 이야기를 풀어가곤 했다.

나: 자녀 이름이 뭐예요?

고객: 민수와 민지입니다.

나: 민수와 민지는 몇 살인가요?

고객: 민수가 열 살, 민지가 여덟 살인데요.

나: 선생님, 실례가 되는 말이지만 혹시 나중에 선생님으로 인해 민수와 민지가 학비가 없어 대학 진학을 포기하는 일은 없어야 되지 않겠습니까?

고객: 무슨 말씀이신지…….

나: 그리고 혹시 나중에 민수와 민지가 선생님으로 인해 결혼을 하지 못하는 일은 절대 없어야 되지 않겠습니까?

고객: 설마 그런 일이 있겠습니까.

나: 충분히 그럴 수도 있습니다. 만약에 민수와 민지가 결혼을 했지만 선생님으로 인해 결혼생활이 힘들고 가정불화가 일어나는 일은 막아야 되지 않겠습니까?

고객: 지금 도대체 무슨 얘기를 하시는지 이해가 안 되는군요.

이쯤 되면 어떤 고객은 언짢아하면서 화를 내기도 한다. 한 번도 상상하지 않은 일이 눈앞에 그려지고 있기 때문이다. 그리고 그 불확실성은 때론 짜증과 분노로 나타나기도 한다.

나: 선생님, 어느 부모가 자기 자식이 학비가 없어 대학을 못 가고, 부모로 인해 결혼을 못하며, 부모로 인해 결혼생활이 힘들어지는 것을 바

라겠습니까? 그것은 상상만 해도 끔찍합니다. 그런데 통계에 의하면 우리나라의 부모님 가운데 열의 일곱은 은퇴 이후 준비 없이 노후를 맞이한다고 합니다. 거기에 병치레하다가 그나마 있는 돈마저 다 날리고 그것도 부족해서 빚까지 얻어 자녀들이 고스란히 그 빚을 떠안게 된다는 사실을 알고 계십니까?

고객: 글쎄요. 처음 듣는 얘기네요. 그런 생각은 한 번도 해본 적이 없습니다.

지금부터가 중요하다. 고객이 좀 더 구체적으로 상상할 수 있는 상황들을 눈앞의 그림처럼 묘사해 설명해야 한다.

나: 선생님, 이것은 남의 얘기가 아닙니다. 우리의 가족 얘기이기도 합니다. 선생님은 자녀들이 누구보다 훌륭하게 성장하길 바라실 것입니다. 그리고 당연히 누구보다 행복하게 살기를 바라겠지요. 이를 위해서 한평생 뒷바라지했지만 돈을 모으지 못했다고 가정해 보겠습니다. 불행은 꼭 겹쳐서 일어난다고 하지요. 늙고 돈도 없는데 병까지 찾아옵니다. 선생님께서 병이 들어 병원에 있다고 하면 민수와 민지가 놀라서 달려올 것입니다. 그리고 힘없이 누워 있는 선생님을 보고 "아빠, 우리는 어떻게 살라고……. 아빠 걱정하지 마. 내가 아빠 꼭 낫게 할 거야"라고 울면서 말할 겁니다. 그리고 지극정성으로 간호하겠죠. 아이들은 학업을 중단하고 아르바이트를 해서라도, 그동안 모았던 결혼 자금을 빼

서라도, 또는 결혼해서 살고 있는 전세 자금을 빼서라도 아빠 병원비를 대겠죠. 그것도 모자라서 친구, 지인, 여기저기서 돈을 빌려 병원비를 내겠죠. 그런데 이게 끝이 아닙니다. 부모님의 남은 일생 동안 들어갈 생활비, 치료비를 걱정하며 민수와 민지가 하루하루를 힘들게 보내면서 자신의 앞날을 걱정합니다. 친구들과의 술자리에서 자신의 가슴 아픈 현실을 얘기하겠죠. 그런 모습을 보는 선생님의 마음은 어떻겠습니까? 그렇게 되면 한평생 뒷바라지해서 키운 민수와 민지에게 물려주는 것이 무엇이겠습니까? 아마도 '빚' 아닐까요?

정말 심각한 상황이 눈앞에 파노라마처럼 펼쳐진다. 그러고 나서는 다시 한 번 통계 수치를 언급한다.

나: 이것은 결코 지어낸 이야기가 아닙니다. 현재 우리나라의 부모님 가운데 70퍼센트, 즉 열에 일곱은 나중에 자녀에게 짐이 될 것입니다. 왜냐하면 제대로 노후 준비를 하지 못했으니까요. 부모가 자녀에게 도움을 주지 못할망정 짐이 되어서는 안 되겠지요. 제 말이 틀렸습니까?

불안 심리를 이용하라

이번에는 노후에 대한 준비를 강조하는 또 다른 사례다.

나: 고객님, 혹시 점심시간에 탑골공원에 가보신 적이 있으십니까? 탑골공원은 종로에 있는데, 오갈 데 없는 노인들로 하루 종일 붐비는 곳입니다. 점심때가 되면 근처에서 작은 소란이 생기는데요, 공짜 점심을 먹기 위해 줄을 서는 것은 물론 늦지 않으려고 신호등이 바뀌자마자 할아버지 할머니들이 우르르 뛰어갑니다. 식사 분량이 한정되어 있기 때문에 늦으면 그나마 밥도 못 먹는 일이 생기거든요. 그분들 중에 어느 누구도 그렇게 노후 생활을 할 거라고 생각한 분은 없을 것입니다. 그런 생각을 한 번이라도 해봤다면 그런 일이 안 생기도록 젊었을 때 미리 준비했겠지요. 그런데 탑골공원에서 하릴없이 소일하는 노인들 중에는 한때 잘나갔던 사람들도 부지기수라고 합니다. 그런데 왜 지금은 그렇게 비참하게 살고 있을까요?

고객: 무슨 사연이 있었겠지요.

나: 네, 맞습니다. 인생은 해가 뜨는 날도 있고 궂은 날도 있는데, 눈앞의 것에만 급급한 나머지 미래를 준비하지 못한 거지요.

고객: 네.

나: 고객님은 나이 들어서 '노인네'로 살고 싶습니까, 아니면 '노신사'

로 살고 싶습니까?

고객: 하하. 그야 노신사로 살고 싶죠.

나: 고객님, 늙어서 은퇴할 시점에 사랑하는 자녀들에게 짐이 되거나 경제적으로 부담을 주는 일이 있으면 안 되겠지요?

고객: 자식들에게 손 벌리면서 살고 싶진 않아요. 자식들도 자기 생활이 빠듯할 텐데…….

이 사례는 미래에 일어날지도 모를 상황을 고객에게 전달하여 실제로 그런 상황에 직면했을 때 겪을 수 있는 경제적·정신적 고통을 느끼도록 한 것이다. 한 번도 상상하지 않은 두려운 미래를 그려주면 고객은 감정의 동요를 일으킨다. 고객의 마음을 움직이려면 불확실한 미래에 대한 불안 심리를 이용하는 게 좋다.

10장

고객을 리드하는 기술

THE ART OF SALES

팔지 말고 사게 하라!

눈과 마음으로 악수하라

약간의 스킨십은 친밀감 형성에 도움이 된다. 엄마가 아기를 안아주고 보듬어주며 친밀감을 형성해야 아기가 정서적으로 안정감을 갖듯이, 판매를 할 때도 스킨십을 사용하면 고객의 심리적 만족도가 높게 나타난다. 어느 영업자는 손금을 봐주면서 간단한 스킨십을 하는데, 관계의 긴장감을 완화하고 친숙성을 가져와 판매에 도움이 된다고 한다.

우리는 비즈니스를 하려고 만나면 악수를 한다. 악수를 할 때는 상대방의 피부에 직접 닿음으로써 친밀의 정을 전달한다. 그런데 악수를 형식적으로 하는 사람들이 너무나 많다. 어떤 사람은 불쾌할 정도로 손을 너무 강하게 쥐고, 어떤 사람은 성의 없다고 느껴질 정도로 시큰둥하게 악수를 한다. 또한 시선을 맞추지도 않는다. 악수를 할 때는 특히 시선 처리가 중요하다. 악수를 할 때는 웃는 눈으로 악수해야 한다.

악수를 하는 시간은 불과 1, 2초이지만 상대에게 자신의 생각을 무의식적으로 전달할 수 있다. 악수를 하는 동안에는 긍정적인 생각을 해야 한다. 만일 상대가 동성이라면 '이 남성은 정말 멋진 사람이다. 친하게 지내고 싶다'고 생각하고, 상대가 이성이라면 '이 여성은 내 이상형이다. 친하게 지내고 싶다'고 생각하는 게 좋다.

나는 악수를 한 다음에 뜬금없이 이런 질문을 하곤 했다.

"방금 저랑 악수를 했는데, 1점에서 10점까지 점수를 매긴다면 몇 점을 주시겠습니까?"

그러면 사람들은 처음에는 당황하다가 웃으면서 이렇게 말해 주었다.

"8점 정도 드리겠습니다."

그러면 나는 이렇게 또 물었다.

"10점이 되려면 어떻게 해야 합니까?"

이런 질문은 우습게 보일지 몰라도 처음 만난 사람의 마음을 떠보는 데 유용하며, 웃으면서 대화하는 중에 친밀감이 형성되는 일석이조의 효과가 있다.

상대에 따라 어필 포인트를 바꿔라

영업자는 회사의 대변자이다. 따라서 회사에 대한 신뢰감을 갖고 건전한 직업관을 가지고 있어야 한다. 그리고 고객의 문제를 해결해주는 일이 회사의 이익에 기여한다는 것을 확신해야 한다. 그런 마인드로 일해야 기업에서 일하는 고객들의 입장도 잘 이해할 수 있다.

직장에 다니는 고객을 상대할 때는 상대의 지위에 따라 어필 포인트를 달리 해야 한다.

기업의 경영자들은 너무 바쁘기 때문에 시간을 효과적으로 활용하려고 한다. 그래서 시간의 기회비용에 엄청 민감하다. 그들은 누구를 만나든지 자신이 투자한 시간이 어느 정도의 성과로 나타나는지 엄격하게 판단한다. 그래서 시간비용에 비해서 성과가 없는 사람은 만나려고 하지 않는다.

경영자가 피도 눈물도 없는 냉정한 사람이라는 얘기가 아니다. 그들은 자신이 사용하는 시간이 회사의 공유 재산이라고 여긴다. 그리고 그 재산을 회사를 위해 효율적으로 사용하는 것이 자신의 책임이라는 사실을 너무나 잘 알고 있다. 경영자를 상대할 때는 시간의 기회비용에 주의를 기울이고 가치 있는 정보를 짧은 시간에 전달해야 한다.

나는 어떤 상담이든 처음 5분에 승부가 달려 있다고 생각한다. 그래서 늘 5분 안에 고객의 예스를 끌어내려고 노력했다. 그렇게 훈련하면 기업의 경영자처럼 매우 바쁜 고객을 만났을 때도 제대로 대처할 수 있다.

경영자를 상대로 영업을 할 때는 중장기적인 플랜을 큰 그림으로 그려서 중점적으로 어필하고, 중간관리자의 경우에는 생산성이나 비용 절감, 실적 등을 구체적으로 어필한다. 일반 사원인 경우는 상품의 사용성과 편리함을 중점적으로 호소하면 효과적이다.

대안을 쪼개어 제시하라

영업자는 고객의 심리를 교묘하게 파고들어야 한다. 물건은 마음에 드는데 당장 지불할 돈 때문에 망설이는 고객에게는 이렇게 말해야 한다.

"지금 90만 원을 지불하시면 3년 동안 500만 원을 절약하실 수 있습니다. 한 번에 지불하시는 게 부담스러우시면 6개월 할부로 구입하시고, 한 달에 15만 원만 내시면 됩니다."

영업의 고수는 고객 앞에서 계산기를 능숙하게 다룬다. 정확한 숫자를 제시하면 고객에게 자신이 전문가라는 인식을 심어주고 동시에 신뢰도를 높일 수 있다.

한 예로 TV를 판매하는 영업자는 다른 회사 제품보다 50만 원 더 비싼 200만 원짜리 모델을 팔 때 이렇게 대안을 제시한다. 먼저 가격 대비 성능을 강조하면서 50만 원이 비싼 이유를 언급한다. 그런 다음 기계 수명을 10년으로 잡을 때 50만 원 차이는 연 5만 원이고, 하루에 140원이라고 알려준다. 한마디로 하루에 140원만 더 투자하면 최고 화질의 TV를 구입할 수 있다는 얘기다.

영업의 고수는 이렇게 묻기도 한다.

"고객님 회사의 신입사원의 시급은 얼마 정도 됩니까?"

고객이 "신입사원은 시간당 만 원 받습니다"라고 하면 영업자는 이렇게 말한다.

“결론적으로 그 직원을 하루에 12분 쓰는 것보다도 비용이 적게 드는 셈입니다.”

자동차를 파는 영업자는 이렇게 말한다.

“고객님, 할부로 하면 한 달에 30만 원이고, 그것은 하루에 만 원 정도의 금액입니다. 렌터카 회사에서 이 모델을 빌릴 경우 하루에 8만 원이라는 것을 아십니까? 이 차를 직접 몰고 다니면 얼마나 즐거울지 상상해 보십시오. 이만하면 살 만한 가치가 있지요. 그렇지 않습니까? 이 차를 3년 동안 타시고 새 차로 바꿀 때 50퍼센트 보상해 드리니까, 실제 드는 비용은 하루에 겨우 5천 원밖에 안 됩니다.”

고객은 작은 결정은 쉽게 내리지만 큰 결정을 할 때는 머뭇거리며 망설인다. 이럴 때 영업자는 대안을 분할하여 제시해야 한다. 그래야 고객은 잘게 쪼개진 대안을 듣고 훨씬 쉽게 결정할 수 있다. 영업의 고수는 고객의 부담을 최소화시켜 말하고 그 부담은 받는 혜택에 비해 아주 작은 것이라고 느끼게 한다.

마지막 멘트는 좋은 느낌을 전달하라

사람들은 과정보다는 결과에 관심이 많다. 그래서 “결론이 뭔데?”라고 묻는 사람들이 많다. 영업을 할 때는 과정보다는 결과에 더 관심을 두는 사람들의 심리를 잘 이용해야 한다.

이것은 일상생활에서도 쉽게 찾아볼 수 있다. 고급 음식점에 가면 디저트로 설탕에 절인 과일을 내놓는다. 이것은 마지막에 먹는 음식의 맛이 달아야 손님들이 오늘 먹은 음식을 맛있게 먹었다고 확실히 기억하기 때문이다. 대형 마트에서도 계산대에 호감형 외모를 가진 직원을 배치한다. 이것은 고객이 쇼핑할 때 불만이 있었더라도 마지막에 좋은 느낌을 가지고 매장을 나서게끔 하려는 것이다.

영업을 할 때는 특히 마지막 멘트에 신경을 써야 한다. 시종일관 긴장된 분위기에서 미팅이 진행되었어도 마지막에는 여유 있는 모습을 보여야 한다. 나는 고객과 상담을 한 다음에 마지막 멘트는 항상 웃으면서 이렇게 했다. "오늘은 제가 고객님께 더 많은 것을 배워 가네요."

이런 말을 들으면 고객은 영업자가 으레 하는 소리로 듣지 않고 기분 좋게 미팅을 끝냈다고 생각한다. '그래 내가 잘난 면이 있긴 하지' 하면서 말이다. 이러한 고객의 흐뭇한 합리화는 영업자에 대해 호의적인 마음을 갖게 하고, 상품을 구매할 일이 있으면 호감을 가진 영업자에게 하는 게 낫다는 생각을 하게 만든다.

11장

가망고객 발굴과 시장 개척

THE ART OF SALES

팔지 말고 사게 하라!

오늘 찾지 못하면 내일은 팔지 못한다

판매 활동은 가망고객을 찾는 일에서부터 시작된다. 가망고객을 발굴하는 일이란 해당 상품이나 서비스가 필요한 사람들을 찾아내는 일이다. 최고의 실적을 내는 프로들은 자신의 성공 요인을 '가망고객의 발굴'이라고 꼽는다. 그런데 많은 영업자들은 가망고객을 찾는 일이 중요하다는 것을 알면서도 정작 가망고객 발굴에 적극적으로 나서지 않는다. 영업 조직에서 매월 초에 그 달의 가망고객 명단을 적어 내라고 하면 몇 달 동안 똑같은 가망고객의 이름을 계속해서 적는 영업자들이 의외로 많다. 단순히 명함을 건네고 얼굴을 익히는 수준을 가망고객의 발굴이라고 착각하고 있는 것이다. 가망고객을 찾아내더라도 제대로 활용하는 사람은 많지 않다.

나는 가망고객을 발굴하기 위해 앉아서 망설이지 않고 수화기를 들었다. 그리고 전화를 하여 약속을 한 다음에는 고객을 찾아갔다. 나는 다리품을 많이 팔았다. 쉬더라도 고객에게 가서 쉬자는 생각으로 부지런히 고객을 찾아다녔다.

영업에서 가망고객을 찾는 일은 농부가 수확하기 위해 논밭에 씨를 뿌리는 것과 같다. 씨를 뿌리지 않으면 수확할 것이 없다. 씨앗을 많이 뿌릴수록 또 잘 돌볼수록 풍성한 수확을 할 수 있다. 그러나 기억해야 할 것이 있다. 씨를 뿌리자마자 금방 추수를 할 수 없는 것처럼 일단 씨를 뿌리고 공을 들이는 과정이 필수적이다. 영업자들이 대부분 빨리 좌절하는 것은 씨를 뿌리자마자 결실을 거두려는 단기적 안목 때문이다.

"오늘 가망고객을 찾아내지 못하면 내일은 팔지 못한다"는 말이 있다. 오늘 가망고객을 찾아내지 못하면 실제적인 판매 활동을 할 수 없다. 가망고객을 적절하고 능숙하게 찾아내야만 좋은 결과를 꿈꿀 수 있다. 새로운 고객을 발굴하는 능력에 따라 성공의 정도와 삶의 수준이 결정된다. 가망고객 발굴은 결국 영업자의 삶의 수준을 결정짓는 매우 중요한 키포인트이다.

유리한 길목 선점하기

"내 가망고객은 어디에 많이 모여 있을까?"

개척 영업을 하면서 가장 우선해야 할 것은 유망한 가망고객이 있을 만한 장소를 잘 찾아내는 것이다. 그런 다음에는 그것을 목표시장으로 잡고 집중해야 한다. 아무리 전략과 전술이 뛰어나도 시장을 잘못 선택하면 허탕을 칠 수밖에 없고 금방 지치게 된다.

어느 영업사원은 부동산 투자 열풍이 부는 것을 보고 가망고객이 많이 모이는 아파트 모델하우스에 상주하면서 가전제품 영업을 했다고 한다. 한 아파트의 분양이 끝나면 또 다른 아파트의 모델하우스를 찾아갔다. 물론 그는 높은 판매실적을 올리는 성과를 거두었다.

영업 실적의 80퍼센트가 고객발굴이라면 고객발굴의 80퍼센트는 시장 선점이라고 할 수 있다. 고객을 통해 매출을 올리는 판매 방법은 업종은 달라도 별반 다르지 않다. 고객이 있을 만한 길목에 자리 잡아야 하고, 고객에게 먼저 신뢰를 얻어야 하며, 단골 고객의 홍보가 있어야 한다.

기존고객을 통해 뻗어 나가라

우리 사무실에는 S카드 영업을 하는 여성이 자주 드나든다. 그 여성은 처음에 직원 한 사람을 고객으로 만들었다. 그리고 사무실 직원들을 협력자로 만들기 위해 정성을 쏟았다. 정기적으로 전화하고 판촉물을 선물했다. 가족과 함께 볼 만한 영화 티켓을 주거나 점심때 방문하면 자연스럽게 식사도 함께 했다. 나중에는 직원 모두가 그 여성과 스스럼없이 대화하는 사이가 되었다. 친해지고 나니 나뿐만 아니라 대부분의 직원들이 그 여성이 권하는 카드를 사용하지 않을 수 없었다. 처음에 한 명의 고객을 만들고 점차 고객이 발굴되어 가는 모습을 보면서 나는 깊은 인상을 받았다. 이처럼 기존고객은 영업자에게 새로운 시장을 만들어 주는 원천이다.

느낀 바 있어 나는 기존고객의 사무실을 방문했다. 기존고객과 사무실을 같이 쓰는 분이 나에게 차 한 잔을 주면서 보험에 대해 물어보았다. 상담이 진행되었고 얼마 후 그분과 계약을 체결했다. 나는 이후에도 그 사무실을 꾸준히 방문하여 새로운 사람들과 친밀한 관계를 만들었고 상담과 계약이 줄줄이 이어졌다. 그때부터 나는 개척 활동을 할 때 기존고객을 통한 가망고객 발굴을 적극적으로 활용했다.

어느 책에서 읽은 내용이다. 일본의 어느 보험 판매왕에게는 한 가지 버릇이 있었다. 회사 경영자의 사무실에 가면 사무실에 있는 달력을 유심히 살펴보는 것이었다. 달력에 인쇄된 회사명이나 메모판에 적힌 회사명, 비서의 책상에 놓인 전화 메모도 그의 시야에서 벗어나지 못했다. 그는 그런 회사들과 협력 관계인 또 다른 회사들을 소개 받아 자신의 영역을 점점 확장시킬 수 있었다.

어느 영업자는 자신이 판매하는 자동차 3대 중 2대는 기존고객을 통해 판매가 이루어졌다고 말한 바 있다. 혼자서 열심히 뛰어다닌다고 해도 신규 판매로는 한계가 있다. 기존고객들을 자주 찾아가서 인사를 하고 좀 더 돈독한 관계를 만들어라. 언제든 반갑게 맞아 줄 고객을 확보하고 있다는 것은 천군만마를 얻은 것이나 다름없다.

광범위한 네트워크를 구축하라

기존의 관계를 강화하면서 네트워크를 구축하는 데 더 전념해야 한다. 매주 이 작업에 4~6시간을 할애하지 않는다면 영업자는 다른 경쟁자에게 뒤지게 될 것이다.

영업 세계에는 넘버원이 있고, 넘버 투, 넘버 쓰리가 있다. 넘버원은 누구인가? 톱 세일즈맨이다. 그들은 혀를 내두를 정도로 전략적인 영업 활동을 한다. 모임이나 단체를 통해 자신만의 인맥 네트워크를 탄탄하게 구축해 놓았기에 가망고객 발굴을 효과적으로 하고 있다.

이처럼 사람들과 긴밀한 유대관계를 만들어 놓으면 큰 성과를 올릴 수 있다. 이러한 멤버십은 영업자를 알리는 데 확실한 효과가 있다. 영업자가 필요할 때 언제든지 원하는 사람을 만날 수 있기 때문이다. 특히 지역사회 활동에 적극적으로 참여하면 단순히 영업에만 목적이 있는 것이 아니라는 인상을 심어줄 수 있다. 사회봉사 활동에 적극적으로 참여할수록 그만큼 눈에 보이는 결과가 보상으로 주어진다.

내가 아는 영업자는 자신이 직접 행사나 모임을 주관하고 사람을 잘 불러 모으기로 유명하다. 그는 여러 개의 모임을 조직해서 많게는 일 년에 50건의 행사를 주관하기도 한다. 사람들은 행사에 왔다가 그를 만나고, 나중에 필요한 상품을 그에게서 구매한다. 얼마 전 그는 버스 기사 모임도 만들었다. 그는 버스 기사들이 직업의 특성상 웬만해서는 친구를 사귀기가 쉽지 않다는 것을 알고 등산, 축구, 배드민턴 등을 함께하는 모임을 만들었다. 그리고 모임을 통해 인간적으로 친해지고 비즈니스 관계도 맺었다. 버스 기사들은 그를 주변 사람들에게 적극 소개해 주었다.

이것은 창의적 발상이 얼마나 많은 것을 가능하게 만드는지 보여주는 사례다. 일단 한두 개의 행사만 가져도 적잖은 성과를 얻을 수 있다. 예컨대 테니스나 골프 시합을 주관해 보는 것도 좋은 방법이다. 어떤 모임을 주관하든지 행사를 통해 사람들 사이에 유대감이 형성되고 이를 새로운 사업의 기회로 바꿀 수 있다면 더할 나위 없이 좋다.

모임을 최대한 활용하라

어느 영업자는 이렇게 말했다. "모임에 나가서 영업을 하기는 정말 싫다."

영업자가 이렇게 말해서는 곤란하다. 그 모임이 영업자 자신을 위해 마련된 것이라고 생각해야 한다. 그 모임의 주최자가 사람들을 모이게 하고 어서 영업을 시작하라고 독려하는 기회라고 생각해야 하는 것이다.

예를 들어, 누군가 당신에게 이렇게 물었다고 하자.

"오랜만이야. 요즘 무슨 일하니?"

"응, 보험회사에 다니고 있어."

"뭐? 보험회사? 그럼 여기 영업하러 왔어?"

이런 무례한 질문을 받으면 당신은 어떻게 대답하는가?

"아니, 그런 것은 아니고……."

이렇게 대답해서는 안 된다. 대답을 얼버무려 놓고 나중에 전화로 영업을 하면 떳떳하지 못한 자신이 창피하고, 거짓말쟁이라는 말도 들을 수 있다. 그렇다면 어떻게 해야 할까? 오히려 이와는 반대로 당당히 말하는 편이 바람직하다. 영업을 하기 위해 모임에 나간 것도 사실이니까.

영업을 잘하기 위해서 모임에서 총무를 맡는 것도 좋은 방법 중의 하나다. 사람들에게 자신의 존재를 알리며 영향력을 행사할 수 있기 때문이다. 모임에서 사람들과 이야기를 나누다 보면 당연히 하고 있는 일에 대해 서로 이야기를 나누게 된다. 나는 재무 컨설팅의 좋은 점에 대해 이야기를 했다. 그러자 몇몇 사람들은 그 자리에서 자기 사무실을 방문해 자산관리 컨설팅을 해달라고 부탁했다.

내가 참여하는 어느 모임에서는 매월 정기적으로 회원들의 회사를 탐방한다. 나는 내 차례가 왔을 때 회원들을 사무실에 초대했다. 그리고 30분 동안 내가 하고 있는 일에 대해서 세미나를 했다. 결과가 어떠했을까?

반응이 뜨거웠다. 자연스럽게 회사와 나를 알릴 수 있는 최고의 시간이 되었다. 그 자리에서 회원들은 자산관리 컨설팅을 요청했다. 나는 이런 모임을 통해 많은 계약을 체결했다.

나는 영업을 하면서 카네기 스피치, 한국청년회의소, 최고경영자대학원, 사회봉사 활동 등 다양한 모임에 참석했다. 중요한 것은 그런 모임에서 처음부터 영업의 냄새를 풍겨서는 안 된다는 것이다. 그런 모임에 참석할 때는 순수한 봉사와 모임 자체에 의의를 두고, 모임의 중추적인 역할이나 섬기는 역할을 맡는 것이 좋다. 사람들로부터 최대한 신뢰를 얻어야 한다. 진심으로 누군가에게 소개시켜 주고 싶은 사람이 되도록 노력해야 한다.

연고자에게 더 각별히 하라

연고 시장에 대한 영업자의 반응은 대체로 두 가지로 나누어진다.

첫째, 연고자를 굳이 고객으로 만들고 싶지 않다는 부류다.

이들은 지인들에게 판매를 강요하기 싫다고 말한다. 팔더라도 부담이 되고 결국 신세를 지게 된다는 생각이 강하다. 실패에 대한 두려움도 매우 크다.

왜 이런 생각을 할까? 그것은 자기가 하고 있는 일의 가치를 이해하지 못하고 자긍심도 부족하기 때문이다.

당신은 무엇을 판매하는 사람인가? 사람들에게 행복한 미래와 유익한 상품과 가치를 전하고 고객에게 진정한 도움을 주는 사람이 아닌가. 그렇다면 그것을 가장 먼저 나누고 전해야 될 사람은 누구인가? 당신이 알고 있는 사람들에게 도움을 주지 못해 나중에 후회할 일이 발생하면 어떻게 하겠는가. 그때 가서 후회하면 이미 때는 늦었다.

둘째, 지인들은 안면 때문에 쉽게 거절하지 못한다는 점을 이용하여 상품 설명도 제대로 하지 않고 구매를 강요하는 부류다.

이런 경우는 판매에 성공하더라도 일회성에 그치고 만다. 얼마 가지 않아 만날 수 있는 연고자가 없어 전전긍긍할 게 불 보듯 빤하다. 잘 아는 사람일수록 자세하게 상품 설명을 해야 한다. 그렇지 않으면 자칫 강매로 비쳐질 공산이 크다. 지인들은 당신이 이 일을 제대로 수행할 수 있는지, 앞으로도 계속 이 일을 할 것인지에 대해 의구심을 가지고 있다. 당신 또한 지인의 재정 상태가 어떠한지, 니즈가 무엇인지 충분히 이해하지 못하고 있을 가능성이 높다. 비즈니스는 서로의 계산이나 이해가 딱 맞아떨어져야 성사되는 것이다. 따라서 비즈니스를 염두에 두고 서로를 이해하고 탐색할 기회를 가지는 것이 중요하다.

물론 연고 고객이기 때문에 유리한 점도 있다. 바로 접근이 용이하다는 것이다. 언제든 반갑게 맞아 줄 고객을 확보하고 있다는 것은 영업을 할 때 큰 도움이 된다. 연고 중심의 시장을 잘 관리하는 것은 매우 중요한 일이다. 연고자를 보다 세분화하라. 연고자를 통해 우량 가망고객을 소개 받고 시장 규모를 확대시켜 나가야 한다.

담당 지역을 정해 시장을 확대하라

담당 지역 시장 개발이란 일정한 장소를 판매 지역으로 정해 놓고 그곳에 살거나 일하는 사람들을 상대로 집중적으로 영업활동을 하는 것이다. "영업자에게 담당 지역이라니 가당치도 않다"고 말하는 사람도 분명 있을 것이다. 그러나 영업자가 성공하려면 분명히 담당 지역을 구축해 놓아야 한다.

담당 지역은 각자 정하면 된다. 영업자는 1인 사업가다. 사업가는 사업장이 있는 것이 당연하다. 스스로 활동 영역을 정하여 동종업계 경쟁자는 물론이고 같은 회사 동료들로부터 담당 지역의 권한을 지켜내야 한다. 누구보다도 부지런히 지극 정성으로 고객들을 방문하라. 고객들로부터 인정을 받으면 그 담당 지역에서 더 큰 성공의 기회를 얻을 수 있다.

담당 지역에 있는 고객과의 만남은 개척(돌입) 방문이나 연고를 통해서 이루어지는데, 고객에게 이 지역 또는 이 회사의 담당자라는 인식을 분명히 심어줄 필요가 있다. 이때 고객은 자신의 회사나 지역을 위한 담당자가 있다는 사실에 호감과 신뢰를 가지게 된다.

영업자는 해당 지역의 담당자라는 책임감을 가지고 그에 걸맞은 품위를 지켜야 한다. 차별화된 자기소개와 상담을 준비하라. 농부가 매일 밭에 나가 김을 매고 거름을 주듯이 영업자는 매일 고객과 접촉하면서 관계를 강화해 나가야 한다. 고객이 구매하려 할 때 가장 먼저 떠오르는 영업자가 되었다면 대성공이다.

나는 도로교통공단을 개척하기로 마음먹었다. 그곳에서 어렵사리 한 고객을 알게 되었다. 그 고객을 여러 차례 만나 상담을 했지만 계약으로 이어지지는 않았다. 그러나 그 시장을 개척하기로 마음먹은 이상 포기하고 싶지는 않았다.

그 고객을 만나려고 회사를 방문할 때마다 다른 직원들에게 자연스러운 인사를 한 것이 행운의 씨앗이 되었다. 처음에 냉담한 반응을 보였던 사람들이 점차 마음의 문을 열었다. 본격적인 상담 건수가 하나둘 생겨나기 시작했다. 결과는 생각한 것보다 훨씬 더 성공적이었다. 나는 일 년 동안 그곳에서 130건의 계약에 성공했다.

담당 지역에서의 영업활동은 한 장소에서 다수의 사람들을 만날 수 있기 때문에 효과적인 상담이 진행될 수 있다. 짧은 시간에 여러 사람들과의 상담이 가능하기 때문에 많은 계약을 체결한다는 것도 장점이다. 뿐만 아니라 회사를 담당하는 자산관리사가 있다는 것에 신뢰를 느끼고 유대 관계가 한층 두터워져서 소개로 이어지는 경우가 훨씬 많다.

영업에 성공하려면 담당 지역을 선택하고 집중해야 한다. 전략과 전술이 없는 상태에서 주먹구구식으로 영업을 하면 결국 실패를 피할 수 없다.

내가 해당 지역(또는 회사)을 한두 번 방문하고 싸늘한 반응에 무릎을 끊었다면 결코 성공할 수 없었을 것이다. 그러나 마치 회사에 출근하듯 그 회사를 방문했더니 점차 나를 알아보는 사람들이 생겨나기 시작했다. 많은 사람들과 친숙하게 인사를 나누고 친절하게 상담을 한 것이 많은 계약으로 이어진 것이다.

'여기는 내 땅이다'라는 생각을 가져야 한다. 나는 담당 지역을 개척하여 큰 성공을 거둔 것에 만족하지 않았다. 나는 한 직장 내에서의 계약이 또 다른 지역의 연결고리가 되도록 많은 노력을 기울였다. 그렇게 해서 점점 더 많은 사람들에게 효율적으로 상품과 서비스를 제안할 수 있는 기회를 만들었다. 나중에는 세미나 기법을 적용하여 단체 계약도 이끌어냈다.

나처럼 담당 지역을 잘 관리하여 성공한 사람이 있다. 그는 D보험사의 영업자다. 그는 대학 병원을 담당하는 설계사로 유명하다. 병원에는 의사, 간호사, 환자 가족 등 계약자가 수백 명이 넘는다. 그는 매일 병원에서 영업을 시작해 하루 일과를 그곳에서 끝낸다.

오래전에 KBS 〈인간극장〉 '여왕과 신인' 편에 소개된 바 있는 K보험사 영업자의 경우도 담당 지역을 잘 개척해 성공한 케이스다. 그는 입사 초기에 사무실에서 가까운 가락시장을 매일 방문하여 상인들을 가족처럼 섬겼다. 8년 후 가락시장은 보험에 관한 한 그의 독무대가 되었다.

담당 지역을 보다 확실히 관리하려면 동선 상에 있는 학교, 회사, 학원, 상가, 주유소, 병원, 약국, 슈퍼마켓, 식당, 미용실 등을 자주 방문하는 것이 좋다. 그들과 친밀해지면 해당 지역의 특성과 정보도 얻을 수 있고 자연스럽게 그들로부터 상담을 통한 판매도 이끌어낼 수 있다.

지역 시장을 발굴하기 위해서는 일반적으로 연고를 통한 시장 확대나 동창회 명부, 청년회의소, 라이온스클럽, 로타리클럽, 향우회, 동호회 등의 각종 회원 명부, 기업 연감, 신문, 잡지, 전화번호부와 같은 간행물을 활용하는 것이 좋다. 이때에도 관할 지역을 중심으로 동선을 고려하여 활용한다면 시간을 절약할 수 있어 효율적이다. 또한 방문 전에 해당 회사의 홈페이지를 방문해 보는 것도 유용한 방법이다.

12장

소개 영업에
사활을 걸어라

THE ART OF SALES

팔지 말고 사게 하라!

상위 5퍼센트의 영업자가 되는 방법

나는 영업을 할 때 한 회사를 개척하기 위해 보름 동안 찾아갔다. 그곳은 직원 말고는 접근이 용이하지 않았다. 하지만 그런 만큼 계약을 할 수 있는 가능성도 높았다.

정문을 지나자 경비실이 있었다. 내가 그냥 지나치려 하자 나이 지긋한 경비원이 나를 붙잡았다.

"당신 뭐야? 뭐 하는 사람인데 허락도 없이 여기에 들어오는 거야?"

"아, 네. 여기서 일하시는 분을 만나 뵈러 왔습니다."

경비원의 말투가 조금 누그러들었다.

"어느 부서 누구와 약속이 있는 거요?"

"아, 그건 아닙니다만."

그러자 경비원의 말투가 다시 거칠어졌다.

"여기 이 팻말 안 보여? 잡상인 출입 금지! 들어갈 수 없으니 돌아가."

"사정 좀 봐주세요."

"당신 사정 봐주다간 내 목이 달아나. 어서 돌아가!"

이렇게 번번이 경비원이 가로막는 바람에 회사 안으로 들어갈 수가 없었지만 매일 회사를 찾아갔다. 상담커녕 명함도 제대로 건네지 못했지만 오기가 생겨 포기할 수 없었다.

하루는 40대 중반의 남자가 지나가다가 "도대체 뭐 하는 분인데 매일 같이 여길 찾아오는 거요?" 하고 물었다. 얼마나 기다렸던 순간인가! 나는 정중하게 인사를 하고 소속과 하는 일을 밝혔다. 내 위아래를 훑어보던 그는 이렇게 말했다.

"내가 경비실에 얘기할 테니 사무실로 들어오세요. 어디 이야기라도 들어봅시다."

그는 구매부 부장이었다. 보름 넘게 하루도 빠지지 않고 회사 앞에서 서성이던 내게 호기심이 발동한 모양이었다. 사무실에 들어서자 구매부장이 "어이! 여기요" 하고 불렀다. 부장은 나를 몇 번씩 테스트했고, 그럴 때마다 여유 있는 미소를 잃지 않았다. 잠시 후 내 설명을 들은 구매부장이 계약서에 사인을 했고 그 이후에는 다정한 형제처럼 가까워졌다. 나는 부장을 그 회사의 키맨으로 만들었다. 그리고 부장의 소개로 그 회사에서만 150건에 가까운 계약 실적을 올렸다. 안 될 거라 생각하지 않고 긍정적인 마음가짐으로 두드리고 또 두드린 결과였다. 그것이 나의 무기라면 무기였다. 나는 지금도 그 회사 고객들과 좋은 관계를 유지하고 있다.

자기 분야에서 상위 5퍼센트 이내의 영업자가 될 수 있는 방법은 기존고객이 다시 구매하고 구매 가능한 가망고객을 소개하는 것이다. 더 이상의 효과적인 영업 방법은 없다.

식당의 경우에도 음식맛과 서비스에 만족하는 고객은 굳이 손님을 모셔오라고 하지 않아도 적극적으로 홍보하여 지인들을 데리고 온다.

이런 단골 고객은 사업의 기반이자 현금과 같은 가치가 있다. 연인끼리 자주 만날수록 사랑이 깊어지고 가족 간에 대화가 많을수록 애정이 깊어지는 것과 같은 이치다.

영업을 5년 했을 때 내 고객은 1,100명이었다. 그 고객들과 친밀한 관계를 유지하는 것은 쉽지 않은 일이지만 50명 정도는 끈끈한 관계로 묶여 있고 부부 이상 가까운 지인도 5명은 되었다. 한마디로 소개 확률이 높은 지인이 꽤 되었다.

영업을 하면서 1년은 열정으로 버티고 2년은 오기로 버티고 3년을 넘기면 연륜으로 버티게 되어 쉽게 포기하지 않게 된다. 정말 3년을 버티면 그만둘 수가 없어진다. 이는 협조를 아끼지 않는 고객이 곁에 있기 때문이다. 고객들은 형제보다 더 적극적으로 고객 발굴을 도와주고 진급했을 때 가장 먼저 축하 난을 보내고 개인적인 어려움에 처했을 때도 함께 슬픔을 나눈다.

기존고객들과의 관계를 중시하라

당신은 가망고객을 발굴할 때 일면식도 없는 사람에게 관심을 기울이는가? 새로운 기회는 현재 당신의 상품과 서비스에 만족하고 있는 기존고객에게서 나오는 경우가 많다. 그런데도 영업자들은 기존고객과 접촉하는 것이 새로운 기회를 만드는 일과 별로 상관이 없다고 생각한다.

보통의 영업자들은 신규 가망고객에게는 정성을 쏟지만 기존고객에게 보이는 관심은 턱없이 부족하다. 하지만 이런 생각과 행동은 경쟁자에게 당신의 안방을 내주는 사태를 불러올 수 있고 결국 고객을 빼앗기는 수모를 겪을 수도 있다. 경쟁자들은 호시탐탐 당신의 고객들을 노린다. 기존고객들과의 관계 형성에 더 많은 시간을 투자해야 한다. 고객들의 사업이 발전할 수 있도록 도움을 주거나 고객들에게 수익을 창출할 수 있는 아이디어를 제공하면서 기존고객들과의 관계를 견고히 해야 한다.

길은 가까운 곳에 있다. 당신 자신을 돌아보라. 그동안 미처 깨닫지 못하고 있던 당신 안의 숨은 자산은 없는지 생각해보라. 그리고 그것이 무엇인지 알았다면 적극적으로 활용해보라. 활용되지 않는 고객 데이터가 있는가? 연고나 기존고객을 통해 가망고객을 발굴하는 일을 등한시하고 있지는 않았는가?

기존고객을 가볍게 생각하지 마라. 기존고객이 당신을 절대 잊어버리지 않게 하라. 기존고객에게 자주 연락을 하고 그의 관심사를 파악하라. 그를 접촉하고 지원하는 시간을 두 배로 늘려라. 기존고객에게 관심을 가지면 신경은 덜 쓰고 육체적인 노력도 덜하면서 경제적으로는 더 많은 것을 얻을 수 있다.

소개 영업에 성공하는 방법

고객은 매우 개성이 강한 복잡 미묘한 주체다. 상식적으로 접근하면 장사꾼으로 무시당하거나 경계의 대상밖에 되지 않는다. 그러므로 영업자는 까다롭고 변화무쌍한 고객의 심리를 잘 파악해야 한다. 철두철미하게 준비하지 않고 부딪히면 내 사람으로 만들 수 없다. 성과도 기대할 수 없다. 그러나 포기하지 않으면 언젠가 고객의 마음의 문은 열리게 되어 있다. 그러면 의리 있는 존재가 되는 것이 바로 고객이다.

겉으로는 까다로워 보이지만 알고 보면 의리와 인정으로 가득 찬 고객들을 위해 나는 충성스럽게 뛰었다. 나는 그게 즐거웠다. 사나이가 의리 있는 사람을 위해 기꺼이 목숨까지 바치듯 나는 고객들을 위해 열심히 뛰고 챙기고 헌신했다. 그럴 때마다 고객들은 말하지 않아도 언제나 적지 않은 믿음으로 내게 보답했다.

고객을 감동하게 만드는 일에는 배려와 존중이 필요하다. 이해타산이 아니라 진심으로 대하는 마음가짐이 필요하다. 달면 삼키고 쓰면 밷는 식으로는 고객에게 신뢰를 줄 수 없다. 신뢰가 바탕이 되지 않는 만남은 오래가지 못한다. 가식적인 만남은 금세 바닥을 드러낸다. 이익을 따지는 만남은 그 목적이 사라지면 끝난다. 반면에 서로에 대한 배려와 인간적인 믿음이 있는 만남은 오래간다. 그런 만남은 절대 손해를 끼치지 않고 내가 어려울 때 먼저 도움의 손길을 보내준다. 내게 필요한 것이 무엇인지 그들이 먼저 안다. 이것이 고객과 진심으로 만나는 일이 중요한 이유다.

고객을 내 사람으로 만들겠다는 욕심만 가지고 서두르면 오히려 더 멀어진다. 비즈니스도 사람의 일이다. 충분한 존중과 신뢰가 없으면 일회적인 만남에 그치고 만다. 고객을 감동시키고 신뢰를 심어주는 일, 그 일은 밥에 뜸을 들이듯 참고 기다려야 한다. 말 한마디, 마음 씀씀이 하나에도 진심이 담겨 있다면 언젠가는 고객이 응답해올 것이다. 그런 신뢰가 바탕이 된 관계라면 소개 영업도 반드시 성공할 것이다.

추천하는 고객을 만들어라

기존고객들 가운데 당신의 상품이나 서비스를 적극 지지해주는 고객은 새로운 사업 기회를 만드는 귀중한 자원이다. 당신의 상품과 서비스가 어떤 면에서 탁월한지 잘 이해하고 있는 고객은 자기 주변 사람들의 구매 결정에 확실한 영향을 미치거나, 의사결정권을 가진 사람을 만날 수 있도록 도와줄 것이다.

기존고객이 당신을 추천해 줄 수 있는 대상은 전략 파트너, 함께 일한 적이 있는 비경쟁적인 동료, 그리고 가족 혹은 친구 등이다. 중요한 것은 그들이 당신의 가망고객이 신뢰하고 존경하는 사람들이라는 점이다. 이런 경우에 소개 받은 사람을 당신이 방문하는 것은 그저 친구를 한 명 만나는 것이나 다름없다.

당신과 대화가 잘 통하고 친숙하며 비즈니스를 함께한 세월이 오래된 고객이 있는가? 그런 고객이 있다면 단순히 비즈니스 관계를 떠나서 기대보다 더 큰 만족을 주는 수준으로 끌어올려야 한다. 어느 정도의 희생을 감수하라. 기존고객에게 더 많은 혜택을 줄 수 있는 대책을 강구하다 보면 당신이 고객을 추천해 달라고 요청할 때 자연스럽게 돕고 싶다는 반응을 보일 것이다.

어느 재정서비스 회사는 기존 에이전트에게 고객을 추천해주면 적지 않은 수수료를 정기적으로 지급해 주겠다고 약속했다. 2년이 지나자 고객은 수십 배로 늘어났다. 이 회사는 더 이상 임의 방문을 하지 않아도 될 만큼 성장했다. 이 회사는 에이전트를 만족시키는 혜택을 주었고 그들로부터 고객을 추천받아 하루가 다르게 번창하고 있다.

지인 층을 넓혀라

한국은 좁은 사회라고 한다. 몇 다리 건너면 다 안다고도 한다. 과연 한국 사회는 몇 다리 건너면 다 아는 사회일까? 답은 3.6명이다. 이 결과는 중앙일보와 연세대학교 사회발전연구소가 한국 사회의 연결망 조사를 하여 얻어낸 것이다. 전혀 모르던 사람들끼리도 세 사람 또는 네 사람만 거치면 다 알게 된다는 소리다.

미국 어느 학자의 연구에 의하면 한 사람이 평생 동안 긴밀한 관계를 유지하는 사람의 수가 대략 250명 정도 된다고 한다. 합리적이고 이성적인 미국인을 기준으로 봤을 때 250명이라면, 학연, 지연, 혈연으로 묶인 우리나라의 특성을 봤을 때 그 수는 어마어마할 것이다.

당신이 많은 사람과 관계를 맺고 있듯 고객 역시 알고 지내는 사람이 많을 것이다. 지금 이 순간 당신이 만나는 고객은 한 명에 불과하지만 그와 연결된 사람이 많다는 것을 잊어서는 안 된다. 고객과 가까워지면 그의 인맥을 동시에 얻는 것이지만, 고객이 등을 돌리면 수많은 잠재고객을 잃어버리는 것이라고 생각해야 한다.

한 명의 고객에게 칭찬을 들으면 그가 아는 모든 사람에게 칭찬을 듣는 것이지만, 한 명의 고객에게 비난을 들으면 그의 주변 사람들 모두에게 비난을 듣는 거나 마찬가지다. 지금 당신 앞에 있는 고객이 단지 한 명이 아니라 250명이라고 생각해보라. 어떻게 소홀히 대할 수 있겠는가.

흔히 하는 말 중에 '공과 사를 구분하라'는 것이 있다. 그러나 영업에서는 그 경계를 깨면 깰수록 유리하다. 영업은 당신이 관계를 맺고 있는 기존고객뿐 아니라 그 고객이 개인적으로 알고 있는 사람, 그가 활동하는 모임에 나오는 사람에 이르기까지 영역을 확대시켜 나가는 것이다.

공적인 일은 물론 일이다. 그러나 일 이외의 상황에서 관계를 구축하는 데도 집중해야 한다. 더 많은 사람들을 알기 위해 적극적으로 나서야 한다. 지역 봉사, 종교 활동에 더 많이 참여하라. 클럽이나 모임에 가입하라. 슈퍼마켓에 가거나 주유소에 갈 때 혹은 미용실에 가거나 옷을 살 때 꾸준하게 만나는 사람들과 친구가 되라. 더 많은 사람을 알면 알수록 당신의 행동반경은 더 넓어진다.

사람들을 이용하기 위해서 친해지라는 것이 아니다. 사적인 만남에서 비즈니스를 하면 좋아하기는커녕 오히려 역효과가 나기 쉽다. 한마디로 당신의 지인 층을 넓히라는 말이다.

네트워크에서 허브 역할을 하라

나는 사람들과의 관계를 일대일로 끝내지 않고 어떻게 다른 고객과 엮어 시너지를 낼까를 고민한다. 고객과 고객을 이어주고 서로 이익이 되게 도와준다.

어느 고객과 대화를 나눌 때였다. 그 고객은 세금 문제로 골치를 썩고 있었다. 마침 나는 일 잘하는 세무사를 알고 있었다. 그에게 전화를 걸어 두 사람을 소개시켜 주었다. 고객은 그 세무사와 계약하고 일을 잘 처리해서 많은 도움을 받았다고 했다. 그럴 때 나는 보람을 느낀다. 나는 전문가가 있는 곳이 어디인가를 알려주었다. 대부분의 문제는 각 분야의 전문가인 고객들의 네트워크를 통해 해결될 수도 있다.

나는 이 네트워크를 통해 고객들에게 전문적인 정보를 제공한다. 고객들이 원하는 것은 정보다. 점점 다양해지는 사회에서 어느 한 분야의 전문가가 다른 분야에 대해서는 전혀 모르는 경우가 많고 실제로 문제는 거기서 발생한다. 대신 그 정보를 어디에서 얻을 수 있는가를 알고 있어야 문제 해결이 가능하다. 그러면 소개받은 사람과 소개한 사람, 그리고 영업자 모두가 이기는 윈-윈 게임이 된다.

영업자는 고객들의 네트워크 중앙에 서는 것이 중요하다. 고객들이 '저 사람을 알아두면 도움이 되는구나' 하는 생각을 갖게 하는 것이다. 다른 네트워크 허브가 누구인지 잘 파악하고 그 사람들과 좋은 관계를 유지하면 판매도 자연스럽게 이루어진다. 고객을 찾아 헤매지 말고 고객이 고객을 물어다주게 하라. 사람과 사람을 인맥의 끈으로 묶어놓으면 VIP는 VIP를 물어다준다.

소개 영업이야말로 시간, 경비, 업무효율 측면에서 다른 영업과 마케팅 방식보다 탁월한 성과와 가치를 동시에 가져다준다. 소개를 통해 면담 약속을 받아낸 후 소개받은 사람을 방문해서 프레젠테이션에 들어갔을 경우에는 방문횟수 대비 상담률이 훨씬 높아지고 판매 성공률 또한 매우 높다.

소개 영업의 성공은 키맨 확보에 달렸다

고객 중에는 직접 상품과 서비스를 사용하여 만족감을 느끼면 새로운 고객을 줄줄이 소개해 주는 고마운 분도 있다. 이런 고객을 가리켜 '키맨key man'이라 부른다. 키맨은 영업자에게는 '팬클럽'과 같은 존재이다. 상품과 서비스의 가치를 이해하고 있는 사람은 자신의 담당 영업자가 성공하고 성과를 내도록 적극적으로 협력한다.

키맨에게 가망고객을 소개 받아 전화를 하면 대체로 고객의 반응이 적극적이다. 키맨에게 해당 상품과 서비스에 대해 익히 들어 알고 있기 때문이다. 이런 경우에는 가망고객이 이미 기대감을 갖고 있기 때문에 상담이 원활하게 진행되고 또 다른 고객을 소개 받을 수 있는 기회가 생기기도 한다. 소개의 연결 고리는 이렇게 만들어지는 것이다.

그런데 적극적으로 협력하는 키맨을 찾고 네트워크를 만드는 일은 쉽지 않다. 정말 중요한 것은 키맨과 친밀해지기 위해서는 가족보다 더 진한 정을 주고받는 관계가 되어야 한다는 사실이다. 신뢰 관계가 형성되려면 평소엔 사심 없이 만나고, 어려운 일이 생기면 도와주고, 어떤 말이건 잘 들어주면서 믿음이 생기도록 해야 한다. 그래야 고객 역시 영업자의 일을 자신의 일처럼 여기고 도와주려고 애쓴다.

영업자는 보답을 바라지 말고 고객들의 열렬한 후원자가 되는 게 필요하다. 궂은 일, 귀찮은 부탁도 일단은 들어주고 다른 사람에게 전화해서 알아봐주는 정성을 보여야 자연스럽게 고객과 영업자 간의 네트워크가 만들어진다.

소개 영업의 장점

어느 책에 보니 '10·10·10 법칙'이란 게 있었다. 그것은 고객 한 사람을 모셔오는데 10달러의 비용이 들고, 그 고객을 잃어버리는 데는 10초의 시간이 걸리며, 잃어버린 고객을 다시 모시는 데는 10년의 시간이 필요하다는 것이다.

고객 한 사람 한 사람은 이토록 중요하다. 특히 영업자에게 키맨은 생명과도 같은 존재다. 키맨은 단지 영업자를 도와주는 입장에 있지만 그 영향력이 막강하다. 실제로 대부분의 키맨들이 일정 기간 동안 50명 이상을 소개하는 경우가 비일비재하다. 따라서 키맨을 어떻게 확보하느냐가 영업에서 성공을 가름하는 잣대이다.

판매왕 조 지라드는 이렇게 말했다. "나는 맨 처음에 아는 사람이 별로 없었다. 지금은 수없이 많은 사람을 알고 있다. 나를 어느 나라에 보내더라도 나는 단 한 사람의 지인만 있다면 성공할 자신이 있다. 내가 그 사람을 만족시켜 준다면 그가 아는 사람들을 기꺼이 소개해줄 것이라고 확신하기 때문이다."

뭐니 뭐니 해도 소개를 통한 가망고객 발굴은 시장을 확대해 나가는

데 가장 효율성 높은 전략이다. 영업을 하는 사람이라면 누구나 소개 영업의 중요성을 잘 알고 있다. 하지만 소개를 적극적으로 요청하는 사람은 많지 않다. '고객들이 알아서 소개시켜 주겠지' 하고 막연히 기대해서는 안 된다.

한 마케팅 조사 결과에 따르면, 70퍼센트의 영업자들이 고객에게 소개를 요청하지 않는 것으로 나타났다. 한편, 고객들을 대상으로 한 설문조사 결과, 영업자가 소개를 요청하면 40퍼센트가 즉시 소개해 준다고 대답했고, 30퍼센트는 다음에 소개해준다고 대답했다. 소개를 해주지 않는다고 응답한 사람은 30퍼센트였다.

이 결과를 뒷받침하는 사례가 있다. 미국의 자동차왕 헨리 포드는 한 신문에 자신이 가입한 보험증권에 관해 부정적인 이야기를 털어놓았다. 포드의 가까운 친구이자 보험 사업가가 기사를 보고 포드를 찾아가서 물었다.

"포드, 자네는 왜 친구의 보험에는 가입하지 않는가?"

포드의 대답은 간단하고 명료했다.

"가입을 권유한 적이 없잖아!"

영업자가 간절히 소개를 요청할 때 고객은 기꺼이 가망고객을 소개해준다. 그것은 분명 좋은 기회임에 틀림없다. 그런데 영업자들은 왜 소개 받는 것을 꺼려할까? 그 이유는 고객과의 신뢰 관계가 자칫 부담스러운 관계로 변할까봐 걱정하기 때문이다. 그 사람을 존중하고 배려하는 것은 좋지만 그의 생각과 판단까지 미리 예측할 필요는 없다. 사람들은 예의와 격식을 갖춰 부탁하면 어지간하면 들어준다. 그리고 만약 그 사람이 거절한다 하더라도 그건 '부탁'을 거절한 것이지 영업자의 '존재'를 거절한 게 아니니 너무 상처받고 좌절할 이유는 없다. 이번 요청은 거절해도 다음 부탁은 들어줄 수도 있고, 그런 부탁을 한 사실에 짜증을 낸다 해도 그건 그 사람의 성격 탓이다. 거절당하는 것에 너무 마음 상할 이유는 없다.

소개 영업의 장점을 생각해보면 그것을 부탁하지 않는 것이 얼마나 어리석은 생각인지 금방 알 수 있다. 소개 영업의 장점은 이런 것이다.

첫째, 소개자로부터 사전에 가망고객의 정보를 들을 수 있어서 상담 계획을 효과적으로 세울 수 있다.

둘째, 양질의 우수한 가망고객을 소개받기 때문에 상담의 성공 확률이 높다.

셋째, 소개자의 영향력에 기대어 영업자는 더 친밀하고 자연스럽게 상담을 진행할 수 있다.

넷째, 고객으로부터 더 많은 가망고객을 소개받을 수 있다.

다섯째, 상담 약속이 잘 지켜지고, 고객이 되었을 때 유지율도 높다.

여섯째, 최소의 비용과 노력으로 최대의 효과를 얻을 수 있다.

가망고객을 확보하는 가장 효과적인 방법은 기존고객이나 협력자로부터 소개를 받는 것이다. 고객의 정보를 쉽게 확보하고 접근도 용이하기 때문에 영업의 고수는 소개 영업을 가장 많이 활용한다.

소개를 받는 방법

"어떻게 하면 소개를 잘 받을 수 있습니까?"

강의를 할 때 종종 이런 질문을 받는다. 그때마다 나는 농담 반 진담 반으로 이렇게 말한다.

"확실하게 소개를 받는 방법이 있습니다. 백만 원을 고객에게 내밀면서 '이 돈을 드릴 테니 제발 소개 좀 시켜주세요'라고 말해 보세요. 그러면 누구든지 가망고객을 소개해줄 것입니다."

백만 원을 주면서 소개를 부탁하라는 말이 아니다. 고객이 자발적으로 소개를 하도록 유도하려면 먼저 고객의 마음을 움직여야 한다. 고객에게 전폭적인 신뢰감을 주어 인간적인 매력에 끌리게 한다든지, 고객이 상품과 서비스에 감동해서 보답하는 마음을 가지게 해야 한다. 고객이 상품의 가치를 알고 주변 사람들과 함께 나누고자 하는 마음을 가지게 해야 소개를 받을 수 있다.

소개를 효과적으로 받기 위해서는 기본적으로 취해야 할 행동이 있다.

- 모든 고객에게 일일이 소개를 요구하라.
- 왜 소개가 필요한지 설명하고 납득시켜라.

- 몇 명의 소개가 필요한지 구체적으로 숫자를 알려주라.
- 소개받은 가망고객의 가족 사항, 취미, 관심사, 성향 등 되도록 많은 정보를 수집하라.

고객과 계약을 한 후 다른 가망고객을 소개받으려면 질문을 잘해야 한다. 질문의 내용에 따라서 소개의 결과도 달라진다.

예를 들어, "혹시 다른 고객을 소개해주실 수 있습니까?"라고 질문을 하면 열에 아홉은 이렇게 말할 것이다.

"글쎄요. 지금 막상 떠오르는 사람이 없네요."

"소개할 사람이 있으면 다음에 연락을 드리겠습니다."

이런 말을 듣고 싶지 않다면 질문을 이렇게 해보라.

"고객님의 가족과 친구 또는 지인들 중에서 이 상품으로 이익을 얻을 만한 분은 누구라고 생각하십니까?"

가망고객을 소개받기 위해 질문할 때는 가망고객의 범위를 구체화하고, 부정적인 표현보다 긍정적인 표현을 사용하는 것이 좋다. 만약 고객이 또 다른 가망고객을 소개해주면 반드시 다음과 같이 해야 한다.

- 가망고객을 소개해준 것에 감사하라.
- 가망고객에게 전화를 해줄 수 있는지 물어보라.
- 만약 전화를 꺼린다면 추천서를 써줄 수 있는지 물어보라.
- 만약 추천서를 탐탁지 않게 생각한다면 고객의 이름을 사용해도

되는지 물어보라.

소개를 요청하는 시점

상품과 서비스에 만족한 고객은 또 다른 가망고객을 소개받을 수 있는 가장 좋은 자원이다. 그들은 영업자와 상품에 가졌던 좋은 인상에 대해 입소문을 퍼뜨릴 것이다. 발 없는 말이 천 리를 간다. 고객을 만족시키는 일은 그래서 더욱 중요하다.

사실 가망고객을 소개받고 추천받는 것은 고객과 어느 정도 신뢰 관계가 형성되어야 가능한 일이다. 물론 초기 접촉 단계에서 소개를 부탁하는 경우도 있다. 하지만 잠재고객이 호의적인 반응을 보였을 경우에만 추천을 부탁해야 한다는 사실을 명심하라. 상담 한 번 하고 전화 한 번 했다고 해서 고객이 다른 사람을 소개해줄 것이라고 기대하는 건 무리다.

상품을 구매한 고객들은 처음에는 모두 불안해한다. 상품을 잘 선택한 것인지, 내게 꼭 필요한 것인지, 지금 구입하는 것이 유리한지 등 자신이 구입한 상품에 대한 확신이 없다. 소개 부탁을 하는 가장 적절한 시기는 계약 체결 후 청약서 작성을 마치고 사인을 했을 때나 보험증권을 전달하고 난 후가 좋다. 이때 소개 부탁을 하면 고객은 자신과 가까운 사람도 동일한 선택을 하기를 바라는 마음으로 소개를 해주게 되고, 자신의 선택이 현명했음을 확인받는 계기도 된다. 그래서 계약 체결 후나 보험증권 전달 후에 소개 부탁을 하면 쉽게 응하게 된다.

이때 소개는 다음과 같이 부탁하면 된다.

"저는 오늘부터 고객님과 소중한 인연을 맺게 되어 매우 행복합니다. 이제부터 고객님에게 무슨 일이 생긴다면 가족처럼 최선을 다해서 돕겠습니다. 고객님 또한 제가 이 일을 잘 할 수 있도록 격려해 주시고 응원해 주시기를 부탁드립니다. 저의 목표는 인연을 맺은 고객님들에게 평생 서비스를 하는 것입니다. 제가 소개를 받아 고객님을 만났듯이 또 다른 분을 소개받고 싶습니다. 고객님께서 만족하신 상품과 서비스를 사랑하는 사람들에게 가장 먼저 전달해 드려야 되지 않겠습니까?"

"가족 분들을 소개해주시면 찾아뵙고 고객님께 했던 대로 최선을 다해 도움을 드릴 것을 약속드립니다."

"가까운 친척 분들 중에 세 분만 소개시켜 주십시오. 그분들에게도 행복한 미래를 준비할 수 있도록 성실히 도움을 드리고 싶습니다."

"직장 동료 중에 가장 아끼는 세 분만 소개시켜 주십시오. 그분들에게도 이 소중한 정보를 함께 나누어 드리고 싶습니다."

"고객님 친구 분들 중에 세 분만 소개시켜 주십시오. 고객님께서 이렇게 훌륭한 상품과 서비스를 보장받았듯이 친구 분들도 이런 혜택을 충분히 보장받아야 되지 않겠습니까? 제가 일일이 만나뵙고 적절한 도움을 드리겠습니다."

"사모님, 이 좋은 상품을 권해주고 싶은 분을 소개해주시면 정말 큰 도움이 되겠네요. 제가 더 열심히 활동할 수 있도록 한 분만 소개를 부탁드립니다."

"과장님, 주위에 좋은 인맥이 많다고 들었습니다. 자동차를 교체할 시기가 되었다고 생각되시는 분이 있으시면 한 분만 소개시켜 주십시오."

"개울을 건너려면 징검다리가 필요합니다. 누군가 하나하나 가져다 놓은 돌이 징검다리가 되어 무사히 개울을 건널 수 있는 것처럼 사장님께서 소개해주시는 한 분 한 분 때문에 제가 프로 영업자의 길을 갈 수 있습니다. (웃으면서) 이왕 소개해주실 거면 돈이 많은 사람을 소개해 주십시오."

어느 영업자는 "영업의 갈증을 해소할 당장의 계약 한 건보다 영원히 마르지 않는 소개의 샘을 파라!"고 했다. 소개 부탁을 하면서 머뭇거리거나 애원조로 말하기보다는 당당하고 자신감 있게 요청을 해야 한다. 당당하고 자신감이 넘쳐야 소개해주고 싶은 마음이 생긴다.

영업자는 '소개'라는 단어를 입에 달고 살아야 한다. 누구를 만나든지 자나 깨나 입버릇처럼 소개 요청을 해야 한다. 그러다 보면 처음에는 소개를 하지 않던 고객도 언젠가는 소개를 해주게 되고, 소개해주는 고객은 계속 소개를 해주기 때문에 자연스럽게 인적 네트워크를 넓힐 수 있다. 이런 과정에서 자신감이나 역량이 점점 극대화되어 성공적인 영업을 해나갈 수 있다.

고객에게 소개를 받았다면 "감사합니다. 바로 만나보겠습니다!"라고 말한 후에 약속을 정하고 곧장 찾아가는 것이 바람직하다. 왜 그렇게 서둘러서 만나야 할까? 사람을 소개받은 직후라면 영업자 자신도 기분이 무척 좋은 상태여서 그 기쁨이 만나는 상대에게도 전해지기 때문이다. 소개받은 당일에 찾아가는 것이 좋지만 형편이 여의치 않다면 바로 전화나 이메일을 통해 연락을 취한 다음 가능한 한 빨리 만나야 한다. 탄산음료를 오래 방치해두면 거품이 빠져 싱거워지는 것과 같은 이치다.

그리고 가망고객을 소개해준 사람에게 반드시 일의 경과를 알려주어야 한다. 소개를 받고 거래를 성사시켰다면 감사의 뜻을 전하라. 그러면 소개해준 사람도 그것을 자기 일처럼 기뻐해준다. 거래를 성사시키지 못한 경우에도 소개해준 사람에게 정확히 얘기해주면 고객은 틈나는 대로 더 나은 사람을 소개해 주려고 할 것이다.

소개장의 위력

앤드루 카네기는 이렇게 말했다. "소개장은 소개를 해준 나의 얼굴과 다름없다. 소개장은 소개해준 사람의 분신과 같다. 낯선 사람을 만날 때 이보다 더 효과적으로 마음을 움직이는 것은 없다."

소개장의 위력은 우리의 상상을 뛰어넘는다. 소개장은 최고의 신용장이고 성공의 보증수표이다. 특히 키맨이 써준 소개장은 키맨의 영향력이 고스란히 담겨 있어 매우 큰 효과를 발휘한다. 이런 소개장은 영업자가 상품이나 서비스에 대해 직접 말하는 것보다 몇 배 이상의 설득력이 있다.

지금 어딘가에 당신에게 소개장을 써줄 키맨이 기다리고 있을 것이다. 그 키맨의 발굴을 위해 전심전력으로 매진해야 한다.

<소개장 샘플>

소개장 _____________님께 이 소개장을 가지고 가는 ○○생명의 ○○○ FP는 믿을 만한 인품과 근면 성실함으로 최고의 FP라고 불러도 손색이 없기에 이 소개장을 써 드립니다. 바쁘신 와중에도 짬을 내어 상담을 해보시면 많은 도움이 되실 것입니다. 저도 ○○○ FP를 통해서 효과적인 자산관리 컨설팅을 받고 보장자산은 물론 현금자산을 늘릴 수 있는 효율적인 재테크 방법을 수립하는데 많은 도움을 받았습니다. ○○○ FP는 종합자산관리사로서 전문적인 지식을 보유하고 있기 때문에 믿고 맡겨보시면 후회하지 않으실 것입니다. 늘 건강하시고 매사에 건승하시길 기원합니다. 소개자_____________드림

13장

질문의 힘을 활용하라

THE ART OF SALES

팔지 말고 사게 하라!

질문으로 고객의 말문을 열어라

첫 만남에서 고객의 마음을 사로잡을 수 있는 가장 확실한 방법은 무엇일까?

그것은 질문을 하는 것이다. 유창한 언변으로 상담을 한다고 해서 판매가 이루어지는 것은 아니다. 영업자는 단정적으로 말하기보다는 질문을 더 많이 해야 한다. 고객은 질문에 답하면서 자신이 진정 원하는 것이 무엇인지 알게 된다. 단, 그 질문은 영업자가 미리 준비한 것이어야 하며, 영업자의 의도대로 유도할 수 있는 질문이어야 한다.

다음은 고객에게 질문하면 유용한 것들이다.

"이 상품에 흥미를 갖게 된 이유는 무엇입니까?"

"수많은 회사 가운데 특별히 저희 회사에 관심을 갖게 된 이유는 무엇입니까?"

"혹시 이 상품을 사용해 보신 적이 있다면 만족스럽지 못한 점은 무엇이었습니까?"

"상품 자체는 물론 영업자나 서비스 직원의 태도 등 불쾌했던 경험은 없었습니까?"

"현재 해결해야 할 문제는 무엇입니까?"

"가장 긴급한 문제는 무엇입니까?"

먼저 이런 질문으로 고객이 말문을 열도록 유도해야 한다. 여기에 그다지 많은 설명을 곁들일 필요는 없다. 오히려 영업자가 옆에서 일일이 설명한다면 고객이 스스로를 설득하고 있는 상황을 방해하는 꼴이 되어버린다. 이 점에 주의해야 한다.

소크라테스는 이렇게 말했다. "묻는 자가 인도한다."

질문은 훌륭한 커뮤니케이션 수단이다. 질문을 하면 고객의 마음속에 담긴 진의를 파악하고 핵심 니즈를 찾아낼 수 있다. 영업의 고수는 질문을 통하여 고객의 문제를 파악하고, 새롭게 야기될 수 있는 심각성이나 문제점, 그리고 새로운 선택의 이점을 깨닫게 한다.

질문의 힘

나는 처음 영업을 할 때 질문의 중요성을 잘 몰랐다. 그래서 고객을 만나면 수없이 거절을 당했다. 하루는 내 딱한 처지를 보고 측은한 생각이 들었는지 선배가 나를 불러 앞에 앉혀놓고 이렇게 말했다.

"정훈아! 너 소크라테스의 문답식 대화법 알지? 그런 식으로 상담을 하는 게 좋아. 고객에게 답을 준다고 생각하지 말고 질문을 하란 말이야. 그러면 고객의 문제를 파악하고 함께 고민할 수 있어."

"선배님, 그런데 그게 마음먹은 대로 안 돼요."

"처음엔 다 그래. 혹시 권투 좋아해? 권투 선수가 섀도복싱을 하지?

섀도복싱은 상대방이 앞에 있다고 생각하면서 혼자 주먹을 날리는 연습을 하는 거잖아. 아웃복서인지 인파이터인지 염두에 두고 어느 방향에서 어떤 주먹이 날아올지 예상하면서 그때는 어떻게 대응해야 하는지를 생각해 보는 거지. 그러면 상대가 주먹을 뻗었을 때 눈을 감는다든지 그런 단점을 보완할 수 있어. 한마디로 이미지 트레이닝을 하라는 말이야. 가상으로 고객이 앞에 있다고 생각하고 상담 리허설을 해봐. 롤플레잉이 아주 중요해."

나는 선배에게 구체적으로 롤플레잉을 하는 방법을 물었다.

"질문할 리스트를 나열한 다음 고객이 어떻게 답할지 예상하고, 고객이 완강하게 거절을 하면 어떻게 대처할지 미리 리허설을 해보는 거야."

선배는 마치 실전처럼 연습하라고 했다. 그 조언은 내 가슴속에 생생하게 남았다. 그날 나는 계약에 실패했던 고객을 다시 찾아가기 위해 예상 질문지를 준비하고 고객과 마주한 것처럼 상담을 연습했다. 그리고 다음날 고객과 만나서 몇 가지 효과적인 질문을 던져 계약을 이끌어낼 수 있었다.

고객이 생각을 하도록 만드는 최선의 방법 중 하나는 적절한 질문을 하는 것이다. 영업자는 질문을 함으로써 두 가지 효과를 얻을 수 있다. 고객에게 자신의 생각을 알릴 수 있고, 고객의 의견을 물어보는 동시에 고객을 높여주는 효과를 얻을 수 있다.

말을 잘 타는 사람은 처음부터 대뜸 원하는 방향으로 말을 잡아당기지 않는다. 그렇게 하면 쉽게 지치고 말도 성질을 부리기 때문이다. 말을 잘 타는 사람은 우선 말이 가고 있는 방향에 맞춘 다음 가고 싶은 곳으로 천천히 용의주도하게 고삐를 조정한다. 이것이 질문의 힘이다.

질문으로 핵심 니즈를 찾아내라

나는 어느 가전제품 매장에 들러서 공기청정기를 둘러보고 있었다. 직원이 다가와서 이렇게 물었다.

"가족 중에 건강이 안 좋은 분이 계세요?"

직원은 공기청정기보다 '건강'에 초점을 맞추었다.

"아이가 천식으로 고생하고 있어서요."

직원은 정곡을 찌르는 질문을 한 다음에 비싸고 기능이 많은 공기청정기 대신 기능이 단순하고 저렴한 제품을 제안했다. 물론 나는 기분 좋게 그 제품을 구입했다.

이런 일은 누구나 경험했을 것이다. 고객의 니즈를 파악하는 핵심 질문은 매우 중요하다.

매장 영업자는 고객에게 장황한 상품 설명을 하지 말고 고객이 진정 원하는 제품이 무엇인지 질문을 통해 파악해야 한다. 상품 지식만 나열해서는 판매를 할 수 없다.

예를 들어, 사무실에서 사용할 복합기가 필요해서 매장에 온 손님이 있다고 하자. 직원은 이렇게 질문해야 한다.

"정확히 어떤 용도를 찾으십니까?"

"평소 어떤 작업을 많이 하십니까?"

"어떤 기능이 가장 필요하십니까?"

영업자는 상품을 판매할 때 고객이 원하고 필요로 하는 것을 확신하기 전까지는 질문을 통해 충분히 탐지해야 한다. 이를 위해 고객의 니즈를 파악하기 위한 '질문 리스트'를 작성하는 것이 좋다.

동양인으로는 처음으로 노벨상을 수상한 타고르는 이렇게 말했다. "해머로 자물쇠는 열리지 않는다. 자물쇠에 맞는 열쇠라야 열린다." 고객의 니즈를 파악하는 것은 영업자에게는 가장 중요한 문제다. 고객의 입장에서 적절한 질문을 하면 고객이 진정으로 원하는 것을 인식하도록 할 수 있고, 그다음 그것을 어떻게 얻을 것인지 결정하게 할 수 있다. 결국 판매를 성사시킬 때 가장 중요한 것은 고객의 핵심 니즈를 찾아내는 것이다. 질문은 고객의 마음속에 담긴 진의를 파악하는 유용한 도구다.

니즈에 초점을 맞춰라

보험왕 토니 고든은 이렇게 말했다. "거부하는 진짜 이유를 밝히지 않는 잠재고객이 있는가 하면, 자기가 왜 거부하는지 모르는 잠재고객도 있다."

그렇다면 니즈란 과연 무엇인가? 니즈란 고객이 영업자에 의해 충족될 수 있는 관심이나 필요를 말로써 표현하는 것이다. 두 종류의 니즈가 핵심이 된다. 그것은 잠재된 니즈와 현재의 니즈이다.

잠재된 니즈

이것은 현재 고객의 문제나 불만, 어려움에 대한 언급이다.

"사용법이 너무 어려워요."

"서비스가 불만입니다."

"인테리어에 문제가 있어요."

"전기료가 걱정입니다."

현재의 니즈

이것은 고객의 욕구나 필요에 대한 명확한 언급이다.

"나는 인쇄 속도가 빠른 프린터가 필요합니다."

"나는 대형 화면으로 즐기고 싶어요."

고객은 영업자가 소개하는 상품이나 서비스가 자신의 니즈를 충족시킬 수 없다고 판단되면 구매하지 않는다. 니즈는 영업자에 의해 얼마든지 개발될 수 있다. 그 과정은 '거의 완벽해→약간 불만스러워→문제가 커지고 있어→당장 해결해야 해!'로 바뀐다. 그렇다면 어떻게 고객의 잠재된 니즈를 발견하여 현재의 니즈로 발전시킬 것인가? 그 해답은 바로 '질문'이다.

질문을 잘하려면 질문 방법을 알아야 한다

질문의 종류는 크게 네 가지로 나눌 수 있다. 그것은 상황 질문, 문제 질문, 시사 질문, 해결 질문이다. 네 가지 종류의 질문을 적절하게 사용해야 고객의 니즈를 파악할 수 있다.

상황 질문

고객의 현재 상황에 대한 사실 및 배경을 밝혀내는 질문이다.

"이런 상담을 받아보신 적이 있습니까?"

"받아보시고 느낌이 어땠습니까?"

"가장 기억에 남는 부분은 어떤 것인가요?"

"어떤 걸 선택하셨나요?"

"보험료는 얼마입니까?"

"보장은 얼마나 됩니까?"

"투자는 어디에 얼마나 하고 있습니까?"

첫 상담에서 고객의 현재 상황을 묻는 상황 질문은 되도록 짧게 하는 것이 좋다.

문제 질문

현재 고객이 가지고 있는 문제나 어려움, 불만에 관한 질문이다. 이 질문의 목적은 고객의 잠재된 니즈를 찾아내는 것이다.

"보험료가 수입의 20퍼센트 정도 차지하는데 부담이 되지는 않습니까?"

"일 년 연봉은 3,500만 원 정도인데 한 달에 30만 원씩 저축하시면 1년에 360만 원입니다. 이 정도면 만족하십니까?"

"저축을 하는 동안에 많이 쪼들리고 그렇다고 앞으로의 생활 역시 나아질 것이라는 기대감도 없이 저축을 하는 분들이 주변에 너무 많이 계십니다. 이건 뭔가 잘못된 것이 아닐까요? 어떻게 생각하세요?"

"고객님의 투자 계획이 꿈을 현실로 바꾸기에 충분하다고 생각하십니까?"

시사 질문

고객의 문제나 어려움, 불만의 결과나 영향, 시사점에 관한 질문이다. 이 질문을 통해 고객이 가진 문제점을 심화하고 확대시킬 수 있다.

"언제 저축을 해서 내 집을 마련하겠습니까?"

"지금 하시는 투자로 교육자금과 노후자금을 마련하실 수 있을까요?"

"신문에서 이야기하는 것 말고 고객님이 꿈꾸고 계신 노후생활을 위해 어떻게 투자를 해야 할지 생각해본 적이 있습니까?"

"고객님이 은퇴한 시점에 노후생활은 어떨 거라 생각하십니까? 그리고 자녀들에게 짐이 되거나 부담을 주지는 않겠습니까?"

해결 질문

해결책의 가치, 중요성, 유용성에 대한 질문이다. 이 질문은 고객의 욕구를 개발하여 해결책을 찾게 한다.

"현재의 부담되는 보험료를 줄이면서 오히려 보장은 더 많이 받을 수 있고, 보장 기간 역시 더 긴 상품이 있습니다. 또한 사망·질병·상해 어떤 경우에도 모두 보장되면서 만기시 환급금이 더 많은 상품이 있습니다. 이런 상품이 있다면 효율성은 물론이고 사랑하는 가족의 미래를 위해서 당연히 확인해보는 게 낫지 않겠습니까?"

"지금 하고 계신 투자 방법을 조금만 바꾸시면 자녀들이 대학에 다니는 동안 충분히 좋은 환경에서 공부할 수 있도록 뒷바라지할 수 있습니다. 그런 방법을 소개해 드린다면 도움이 될 수 있겠죠?"

"마치 부동산에 투자하듯이 인플레이션을 극복하고 은행보다는 높은 수익을 꾸준히 낼 수 있도록 전문가인 제가 도와드린다면 고객님은 믿고 투자를 시작하실 수 있겠습니까?"

"단순히 목돈을 마련하는 것이 아니라 인생 전반에 필요한 자금을 적절히 조달할 수 있는 해결책이 있다면 고객님께 도움이 되겠죠?"

영업자는 결코 고객을 설득하지 못한다. 고객을 설득하는 것은 바로 고객 자신이다. 영업자의 역할은 고객의 중요한 관심사를 이해하고 고객이 느끼는 방식으로 그들의 문제를 느끼는 것이다. 영업자는 항상 고객의 입장과 고객의 관점에서 문제를 바라보아야 한다.

다시 말해 '상황 질문'으로 배경 정보를 얻고, '문제 질문'으로 문제를 발견한 후, '시사 질문'으로 문제의 심각성을 발전시키고, 마지막으로 '해결 질문'을 통해 고객이 직접 자신의 입으로 영업자가 제시한 해결책을 통해 얻을 수 있는 이점을 말하도록 해야 한다.

- 고객에게 가장 많은 영향을 끼친 질문은 구체적으로 무엇인가?
- 고객은 어떤 니즈를 가장 강력하게 느끼는가?
- 상담 도중 변화된 니즈는 무엇인가?
- 변화된 이유는 무엇인가?
- 영업자 입장에서 고객에게 가장 큰 영향을 미친 것은 무엇인가?

영업자는 고객을 상담한 후에 이런 세부적인 분석을 해야 한다. 이런 분석이 뒤따르지 않으면 판매 기술이 향상되지 않는다.

마음을 움직이는 마법의 질문

평범한 영업자는 상품의 가격이나 실용성, 기능과 디자인 등이 다른 회사 제품보다 뛰어나고 경쟁력이 있다는 것을 고객에게 주입하기에 급급하다. 반면에 영업의 고수는 대응 방법이 다르다. 그들은 고객이 어디에 가치를 두고 있는지를 즉각 파악하는 마법의 질문법을 사용하고 있다. 어떤 상황에서든 이 질문을 활용하면 판매 능력은 극적으로 향상될 것이다. 이 방법은 간단하면서도 강력하다. 왜냐하면 고객 스스로 상품의 가격이나 실용성, 기능과 디자인 등이 좋다는 말을 하도록 유도하기 때문이다.

질문 1 "A를 하는데 가장 중요하게 생각하는 것은 무엇입니까?"

여기서 A는 구입 또는 결정이다.

"고객님, 보험 상품을 계약할 때 가장 중요하게 생각하는 것은 무엇입니까?"

"고객님, 차를 구입할 때 가장 중요하게 생각하는 것은 무엇입니까?"

이런 질문을 받으면 고객은 자신이 가장 중요하게 생각하는 것을 말한다. 어떻게 답을 하건 이제 고객의 답변이나 고객의 답변을 요약한 것이 B가 된다.

질문 2 "고객님이 생각하는 B는 어떤 것입니까?"

고객: 가격 대비 성능이 우수한 차를 찾고 있습니다.

영업자: 고객님이 생각하시는 가격 대비 성능이 우수한 차는 어떤 차입니까?

고객: 내가 사망할 경우 가족이 충분한 보상을 받을 수 있는 보험 상품을 찾고 있습니다.

영업자: 고객님이 생각하시는 그런 보험 상품은 어떤 것입니까?

질문 3 "제가 B를 제공한다면 고객님은 A하시겠습니까?"

만일 고객의 요구를 충족시켜 준다면 고객은 거래를 하거나 제품을 구입할까? 고객은 질문 1과 2에서 짜놓은 틀 때문에 "아니오"라고 말하기가 매우 곤란하다. 다음의 예를 살펴보자.

"이것이 최고의 보험 상품이라는 것을 고객님이 확신하신다면 이 상품에 가입하시겠습니까?"

"이 차가 가격 대비 성능이 최고인 차라는 것을 확신하신다면 이 차를 구입하시겠습니까?"

질문 4 "A를 하는데 고객님이 중요하게 생각하는 또 다른 사항은 무엇입니까?"

이 단계에서는 첫 번째 질문, 즉 고객이 중요하게 생각하는 가치를 유도하는 과정으로 돌아가야 한다. 고객이 구매를 결정할 때 가장 중요하게 여기는 것이 무엇인지 모르는 경우가 있다. 네 번째 질문은 고객의 문제를 해결함으로써 긍정적인 결과를 가져온다.

당신은 고객이 가장 중요하게 여기는 가치를 파악하는 네 가지 질문을 알게 되었다. 이 질문은 영업에 성공할 수 있는 핵심 테크닉이다. 영업자는 고객이 무엇 때문에 고민하고 무엇 때문에 불안해하고 망설이는지 질문을 통해 파악해야 한다. 이런 질문을 통해 고객의 문제를 해결해주고 고객에게 편의를 제공해야 한다. 그러면 고객이 최종 결정을 내리는 시간은 단축되고 구입 확률도 높아질 것이다.

14장

예스를 끌어내는 대화의 기술

THE ART OF SALES

팔지 말고 사게 하라!

주목받는 배우에 도전하라

영업을 할 때 말에 군더더기가 없고 동작도 절도 있는 고객을 만난 적이 있다. 그는 서있거나 앉아 있는 자세부터 보통 사람과 구별되었고 크고 작은 동작 하나하나가 완전히 달랐다. 나는 그가 대학로에서 연극배우로 일하고 있다는 얘기를 들었을 때 '아, 역시!' 하고 수긍했다.

그는 계약을 한 다음에 이렇게 말했다. "제가 도움을 받았으니 연기 지도를 잠깐 해드릴까요?"

그는 말을 할 때는 애매한 단어를 사용하지 마라, 목소리는 복부에서 흘러나와야 한다, 하면서 말하는 자세, 힘 있게 목소리를 내는 법을 알려주었다. 또한 표정과 시선 처리, 몸짓을 통해 표현하는 방법도 가르쳐 주었다. 나는 그에게서 많은 도움을 받았다.

고객은 영업자가 전문가에 어울리는 언어를 사용하면서 제품이나 서비스를 친절하게 설명해주기를 바라고 있다. 나는 연기 지도를 받은 후에 녹음을 해서 내 목소리를 들어보고, 프레젠테이션하는 모습을 카메라로 찍어 어색하거나 문제가 있는 부분을 고쳐 나갔다.

영업자의 시선과 표정, 몸짓 등 비언어적 커뮤니케이션은 상담을 할 때 매우 중요하다. 연극 무대에서는 전하고 싶은 메시지를 관객들에게 전달하는 게 관건이지만, 영업에서는 메시지를 전달하여 고객을 설득하고, 고객의 인정과 지지를 이끌어내야 하며, 고객에게 동기부여도 해주어야 한다.

영업자는 연극배우처럼 영업에 필요하거나 도움이 되는 일련의 의도된 행동을 해야 한다. 무대에 서는 배우들이 관객에게 자신의 캐릭터를 분명히 전달하기 위해 노력하듯이 옷차림이나 목소리, 보디랭귀지 등을 독창적으로 연출하여 고객에게 효과적으로 상품이나 서비스를 납득시켜야 한다.

경청으로 주인공을 빛나게 한다

어느 영업자는 이렇게 말했다. "나는 다른 영업자들보다 잘하는 것이 딱 하나 있다. 그것은 고객의 말을 경청하는 것이다."

보통 영업자들은 말하는 데 주력한다. 그래야 고객을 설득할 수 있고 판매를 성사시킬 수 있다고 생각한다. 그래서 고객의 말을 주의 깊게 듣지 않는다. 하지만 가장 강력한 설득은 경청에서 시작된다.

고객의 말을 들을 때는 고객이 말하는 동기와 감정까지도 알아들어야 한다. 고객의 얘기를 잘 들으면 고객의 구매 동기, 자금원, 자산 상태 등 중요한 고객 정보를 얻을 수 있다. 고객의 말을 들을 때는 다음과 같이 해야 한다.

• 놀라움: 와, 정말입니까?

• 납득: 예, 옳으신 말씀입니다.

• 되묻기: 다시 한 번 설명해 주시겠습니까?

• 수용: 네, 그렇지요.

• 재촉: 그다음에는 어떻게 되었나요?

고객의 말을 들을 때는 맞장구를 쳐주고, 때로는 질문하고, 의견을 첨가하고, 놀라는 모습도 보여주면서 고객의 말에 적극적으로 박자를 맞춰주는 기술이 필요하다. 아니 진심으로 그렇게 해야 한다. 고객은 주연이고 영업자는 기꺼이 조연이 되어야 한다. 연기를 잘하는 조연은 주인공을 빛나게 한다.

어떤 사람은 경청의 기술을 'family'로 정리했다.

friendly: 우정을 품고 성의를 다해 듣는다.

attention: 주의 깊게 이야기를 듣는다.

me to: 간간히 자신의 이야기를 한다. 그리고 장단을 맞춘다.

interest: 흥미를 갖고 듣는다.

look: 고객의 눈을 보면서 이야기를 듣는다.

your centered: 고객이 중심이라고 생각하고 듣는다.

공감대를 형성하여 긴장된 분위기를 전환하라

고객과 가까워지려면 먼저 관심사를 파악해야 한다. 친밀감이 형성되지 않은 상태에서 일방적으로 판매를 시도하면 거절과 실패를 겪게 된다. 신뢰 관계를 구축하려면 먼저 친밀해져야 한다. 친밀감은 상대방의 관심사를 파악해 서로 동조하는 분위기에서 형성된다. 고객의 관심사를 제대로 모른다면 파악하려는 노력을 해야 한다. 사람들은 자신이 좋아하는 것, 자신이 알고 있는 것에 대해 이야기하려고 한다.

영업을 시작한 지 2년쯤 되었을 때의 일이다. 차를 운전해 고객의 집을 방문했다. 주차장에는 차가 한 대뿐이었는데, 내 차와 같은 차종이었다. 혹시 내가 방문할 집의 자가용이 아닐까 하는 예감이 들었다.

초인종을 누르자 인상이 험상궂고 체격이 우람한 남자가 나타났다. 그는 무뚝뚝하게 "들어오세요"라고 했다. 반기지 않는 그의 태도를 보니 왠지 상담이 잘 풀리지 않을 것 같은 느낌이 들었다. 나는 이렇게 말했다.

"혹시 어떤 차를 타고 다니십니까?"

"(퉁명스럽게) SM5요."

예감이 적중했다. 주차장의 차는 고객의 차였다.

"저도 같은 차를 타고 다니거든요. 차를 타보니까 어떠세요?"

자동차에 관해 10분쯤 얘기를 나누면서 분위기가 사뭇 달라졌다. 친밀감이 형성되고 고객의 딱딱했던 말투가 한결 부드러워졌다. 고객은 상당히 만족하면서 보험계약서에 서명했다. 나는 이런 재미있는 경험을 통해 처음에 공감대를 형성하고 친밀감을 쌓는 것이 영업에서 얼마나 중요한지 새삼 깨달았다.

고객이 골프광이란 것을 알았다면 골프 이야기로 시작하는 것이 좋다.

"지난주에 박인비 경기 보셨어요? 마지막 홀의 퍼팅은 제가 본 퍼팅 중에 최고의 장면이었습니다."

이런 공감대를 형성하는 말은 본격적인 대화 이전에 고객의 마음을 여는 효과가 있다. 친근한 것만큼 좋은 첫 만남은 없다. 영업의 고수는 고향, 학교, 취미 등의 공통점을 찾아 확인함으로써 첫 만남의 긴장감을 누그러뜨리고 대화를 풀어갈 실마리를 찾는다. 공감대 형성은 고객의 마음의 문을 여는 아주 효과적인 대화법이다.

칭찬으로 시작하여 가치를 전달하라

스물일곱 살 때 영업으로 억만장자가 된 폴 마이어는 "상대의 가슴에 닿을 때만 칭찬으로 상대를 사로잡을 수 있다"고 했다. 칭찬을 뜻하는 영어 단어 'praise'는 라틴어 'price'에서 유래한 말이다. 이 말은 '값을 매기다'라는 뜻을 가지고 있다. 칭찬이란 우리가 보고 느끼는 가치를 제대로 표현하는 것이다.

영업을 할 때 고객을 어떻게 칭찬해야 효과가 있을까? 고객에 대한 사전 정보, 즉 인품, 평판, 취미, 업적, 사회봉사 등을 파악하고 있다면 칭찬거리를 얼마든지 준비할 수 있다. 칭찬을 하려면 고객에게 관심을 보이고 고객의 장점을 보는 안목을 길러야 한다.

고객을 만나 상담할 때는 만나자마자 칭찬하고 상담 중에도 칭찬하고 마무리도 칭찬으로 하면 매우 효과가 있다.

"고객님은 가족을 사랑하는 자상한 가장이시군요."

"고객님은 역시 제 예상대로 자녀들에게 존경받는 분이시군요."

"고객님은 미래를 준비하는 계획성이 뛰어난 분이시군요."

이런 칭찬을 상담 중에 하면 고객은 자기에게 부여된 이미지대로 인정받고 싶어 하기 때문에 계약을 성사시키는 것이 수월하다.

내 경험을 소개하겠다. 나는 칭찬으로 시작하여 고객에게 제대로 된 가치를 전달했다. 그리고 보험업계에서 기록될 만한 성과를 거두었다.

무척 더운 여름이었다. 나는 땀을 흘리며 시장 개척을 하고 있던 중이었다. 명함 정리를 하다가 영업을 시작하기 일 년 전에 진찰을 받았던 병원 원장의 명함을 발견했다. 용기를 내어 병원에 찾아갔다. 환자가 많아서 원장을 만나려면 한 시간은 족히 기다려야 했다. 내 차례가 되어 원장실 문을 열고 들어갔는데, 그는 나를 전혀 기억하지 못했다.

나: 원장님, 저 기억하시겠어요?

원장: 잘 모르겠는데요. 누구시죠?

나: 원장님께서 일 년 전에 진찰해준 환자입니다.

원장: 아, 네, 그러세요. 근데 무슨 일로 오셨습니까?

나: 예, 저는 메트라이프생명에 근무하는 재정설계사 이정훈입니다. 원장님이 생각나서 잠깐 인사를 드리러 왔습니다.

원장: 미안합니다. 보험에는 관심이 없습니다. 보험회사에서 수시로 찾아오는데 아주 귀찮아 죽겠습니다.

나: 맞습니다. 별로 관심도 없는데 계속 찾아오면 얼마나 귀찮으시겠습니까? 원장님 마음을 충분히 이해합니다.

원장: 저는 지금 환자를 돌봐야 하니 나가 주시겠습니까?

나: 원장님, 사실 원장님을 찾아뵌 것은 예전에 진찰을 잘 해주셔서 늘 좋은 기억을 가지고 있었는데 오늘 우연히 이곳을 지나가다 원장님이 생각나서 인사를 드리러 온 것입니다.

원장: 아~ 그러셨군요.

나: 원장님은 환자들에게 자상하고 친절하신 분인 것 같습니다. 이 병원에 다녀가는 모든 환자들이 저와 똑같은 생각을 할 것입니다.

원장: (표정이 밝아지며) 좋게 봐주시니 감사합니다.

원장의 경계심을 칭찬으로 풀어버린 나는 다음 상담을 진행할 수 있었다.

나: 원장님, 바쁘시지만 짧게 한 가지만 말씀드리고 가도 되겠습니까?

원장: 보험 건이라면 시간 낭비입니다. 보험회사에 다니는 후배에게 일 년 전부터 상담을 받고 있습니다. 만약 보험에 든다면 그 후배에게 들어야 될 것 같습니다.

나: 원장님, 괜찮습니다. 당연히 후배가 추천하는 보험을 드셔야죠. 부담 갖지 마시고 잠깐 이야기만 들어 주시겠습니까?

원장: 네. 말씀하시죠.

나: 원장님, 세계 최고의 부자가 누구인지 아시죠? 바로 빌 게이츠입니다. 그 다음은 워런 버핏이고요. 두 사람은 공통점이 있는데, 둘 다 보험에 가입했습니다. 이상한 일 아닙니까?

원장: 그러네요. 평생 쓰고도 남을 만큼의 재산이 있는데 왜 보험에 들었을까요?

나: 원장님, 부자일수록 보험을 더 좋아합니다. 평생 원장님께서 피땀 흘려 일궈 온 재산을 자녀들은 당연히 물려받는 것으로 생각하지 않습니까? 그러나 유대인들은 자녀들을 위해 돈을 남기지 않고 영원히 변치 않는 부모의 사랑을 남깁니다. 사랑은 돈으로 살 수 없습니다. 하지만 돈에 사랑을 담을 수는 있습니다. 그것은 다름 아닌 생명보험 증서입니다. 원장님의 보험금을 유산으로 물려받은 자녀는 금액에 상관없이 헤아릴 수 없는 부모님의 사랑을 받은 것이기 때문에 가치를 돈으로 비교할 수 없을 것입니다. 이것이 바로 유대인들의 유산에 대한 철학입니

다. 빌 게이츠와 워런 버핏도 재산을 사회에 기부하고 생명보험으로 사랑의 유산을 준비했습니다. 원장님 또한 사랑하는 자녀들에게 아버지의 사랑을 유산으로 남길 수 있다면 이보다 더 값지고 훌륭한 일이 어디 있겠습니까? 아이들은 그런 훌륭한 아버지의 사랑을 평생 잊지 못할 것입니다.

원장: 그렇군요. 저는 보험이란 것이 단순히 보험금 받는 게 목적이라고만 생각했는데 그런 의미가 있었네요. 유산을 보험금으로 상속할 수 있다는 것은 정말 가치가 있을 것 같군요. 그런데 보험금을 탈 때가 문제죠. 보험금은 반드시 지급됩니까?

나: 네, 원장님. 반드시 지급됩니다. 어떠한 조건 없이 무조건 지급되는 보험이기에 원장님의 사랑의 유산은 꼭 전달될 것입니다. 그 유산의 크기는 원장님이 정하시면 됩니다. 저는 이런 가치 있는 정보를 전하기 위해 원장님을 찾아뵈었습니다.

이후 병원 원장과 몇 차례 더 상담을 했다. 그리고 원장은 20억 원의 보험에 가입했다. 당시 보험업계의 가장 큰 계약이었다. 별것 아닌 것 같지만 먼저 칭찬으로 접근한 것이 큰 결실을 맺은 것이다.

호기심은 강력한 구매 동기다

"최고의 기획서는 최고의 추리소설이다"라는 말이 있다. 무심코 한 장 넘겼는데 다음 이야기가 너무 궁금해서 밤잠을 설치게 만드는 추리소설처럼 기획서도 재미있게 써야 한다. 대화를 할 때도 마찬가지다. 추리소설처럼 다음 이야기가 궁금하게 만들어야 한다. 고객과 상담할 때는 싫증나게 해서는 안 된다. 고객의 호기심을 불러일으켜야 한다. 호기심은 강력한 구매 동기다.

처음 영업을 시작했을 때를 생각해 보라. 지인들을 만나서 상품을 소개했을 때 그들의 반응이 뜨거웠는가? 전혀 관심을 갖지 않았을 것이다. 나 역시 수없이 많은 고객들에게 호기심을 불러일으키지 못해서 거절을 당하는 일이 비일비재했다. 호기심을 자극하지 못하면 고객의 관심을 끌어낼 수 없다. 특히 첫 방문에서 정보의 가치를 호기심으로 연결시키지 못하면 고객의 주의를 끌 수 없다. 그렇다면 호기심을 어떻게 자극할 수 있을까?

나는 고객의 호기심을 이렇게 끌어냈다.

"고객님, 매일 담뱃값 정도의 돈으로 선생님의 건강 보장과 노후를 대비할 수 있는 방법이 있습니다. 한번 들어보시겠습니까?"

"고객님, 대부분의 사람들이 보험에 가입합니다. 그런데 막상 보장을 받으면 아주 소수만이 그 혜택에 만족합니다. 그 이유는 무엇일까요?

결국 보험은 충분한 보장을 받는 것이 핵심입니다. 그리고 보험료는 부담이 없어야 합니다. 다른 컨설턴트와 차별화된 설계 방식으로 이 두 가지를 다 만족할 수 있는 방법이 있습니다. 상담을 받으시겠습니까?"

"고객님, 현재 많은 분들이 재테크를 하고 있습니다. 그런데 효과적으로 재테크를 하지 못해서 실제로 고객님의 재산이 늘어나지 않고 있습니다. 왜 그렇다고 생각하십니까? 저는 이런 고민을 해결할 수 있는 방법을 알고 있습니다. 이 문제를 해결하고 효과적으로 돈을 모을 수 있는 최고의 방법이 있다면 알아보시는 게 낫지 않겠습니까?"

"(익살스럽게) 고객님께서 원하지 않는다면 저는 다시 오지 않겠습니다. (최대한 자신감 있게) 만약 고객님께서 시간을 내주셨음에도 불구하고 시간을 낭비했다고 생각하신다면 제가 그 시간만큼 돈으로 보상해 드리겠습니다."

이렇게 해서 상담 약속을 잡았으면 절반은 성공한 셈이다. 다음 방문 때 각종 시각 자료, 통계 자료, 데이터 등 신뢰감을 줄 수 있는 여러 자료들을 효과적으로 보여주면 대부분의 고객은 설득된다.

잠재의식을 조종한다

사람은 의지가 아니라 잠재의식으로 움직인다. 고객을 억지로 설득하려고 덤비기보다는 고객의 잠재의식에 좋은 이미지를 각인시키는 것이 더 확실하고 빠른 방법이다. 고객의 잠재의식을 조종하는 것은 모든 객관적 논리를 능가한다.

영업의 고수는 고객의 잠재의식을 조종하는 커뮤니케이션을 알고 있다. 그들은 고객의 핵심 니즈를 꿰뚫어보고 순식간에 "예스"를 끌어낸다. 어느 영업자는 사소한 손동작을 반복하여 고객을 설득하기도 한다. 사소한 손동작 하나만으로도 고객의 잠재의식 속에 거부할 수 없는 이미지를 만들어내는 것이다. 그것은 지나치게 미묘해서 고객은 자연스럽게 지나쳐버리고 이 사실을 전혀 인식하지 못한다. 고객은 자신이 의식하지 못하는 사이에 영업자가 의도하는 대로 따르게 된다.

고객을 상담할 때 잠재의식이 차지하는 중요성을 간과해서는 안 된다. 고객의 잠재의식을 조종하는 기술을 알면 고객을 컨트롤하는 것은 식은 죽 먹기다!

예를 들어, 영업자가 계약서를 내밀며 "일시불과 할부 중 어떤 걸로 하시겠습니까?"라고 묻는다. 영업자는 '어떤 걸로'라고 말할 때 '일시불 계약서'에 손을 살짝 올린다. 그러면 할부로 하겠다고 작정한 고객은 차치하고 '어떤 걸로 하지?' 하고 쉽사리 결정을 내리지 못한 고객은 자연스레 일시불 계약서에 사인을 한다.

이 말에 분명 "그 따위 손짓에 휘둘릴 사람이 어디 있느냐?" 하고 반론하는 사람이 있을 것이다. 그러나 당연하다고 여기는 사실 속에 비밀이 숨어 있다. 단순한 납득이 아니라 자기도 모르게 넘어가게 하는 것이 진짜 설득이다! 드러내놓고 말하는 것이 아니라 고객이 느끼지 못하는 사이에 설득을 하는 것, 그것이 영업의 고수들이 억대 연봉을 받는 비결이다.

"노"를 원천봉쇄하는 기술

영업의 고수는 매장을 왔다 갔다 하는 고객과 눈이 마주치면 미소를 보낸다. 그러면 '다른 매장을 더 둘러봐야겠다'고 생각한 고객이라도 매장 안으로 들어오게 마련이다. 고객의 핵심 니즈를 파악하는 질문을 한 다음에 고객이 관심을 가질 만한 상품들을 진열대에서 꺼내 이렇게 말한다.

"이 진주 반지나 에메랄드 반지는 사모님처럼 우아하신 분에게 더욱 잘 어울리겠네요. 어느 쪽이 더 마음에 드세요?"

이때의 포인트는 '어느 쪽'이 마음에 드는지를 물으면서 이 두 가지 중 하나를 선택하라고 암시를 거는 것이다. 이렇게 하면 고객이 처음부터 두 반지 중 하나를 선택하려고 매장에 온 것 같은 느낌을 줄 수 있다.

영업의 고수는 섬세하면서도 주도면밀하게 고객의 마음을 움직인다. 그들은 이미 고객이 구매 결정을 내린 것처럼 이야기를 한다. 신사복 매장에서 일하는 어느 판매원은 고객이 진열대에 걸려 있는 옷을 마음에 들어 하면 입어 보도록 권한다. 그리고 고객이 탈의실에서 나오자마자 거울 앞으로 데려간다. 고객에게 거울에 비친 모습을 감상할 시간을 주고 나서 이렇게 말한다.

"소매가 약간 길군요. 와이셔츠 소매가 약간 보이게 할까요?"

고객이 수긍의 뜻으로 고개를 끄덕이면 판매원은 소매의 적당한 위치에 핀을 꽂아 고정시킨다. 여기서 생각해볼 것은 고객이 "이 옷이 마음에 들어요"라고 말할 때까지 판매원이 기다리지 않았다는 점이다. 고객이 거절하지 않고 자신의 말에 순순히 따르는 것을 구매하겠다는 의사 표시로 받아들인 것이다. 고객 입장에서는 판매원이 수선할 위치까지 표시했는데 "아, 이 옷을 사겠다고 한 건 아닌데요. 나는 그저 한 번 입어 본 것뿐이에요!"라고 말하기가 쉽지 않다. 판매원은 "좋습니다. 이대로 수선해 드리겠습니다"라고 말하면서 판매를 마무리 짓는다. 이런 판매 방법으로 고객의 거절을 원천봉쇄할 수도 있다. 이것을 배워 두면 강력한 무기가 될 것이다.

장점과 단점, 양면을 제시하라

나는 집에서 쓸 청소기가 필요해서 매장을 찾아갔다. 매장에 진열된 여러 종류의 청소기를 둘러보다가 직원에게 도움을 요청했다.

나: 청소기를 사려고 하는데요.

직원: 요즘은 진공스팀 청소기를 많이 쓰십니다. 진공청소기 기능과 스팀 기능이 함께 있어서 따로 청소를 하는 불편함이 없고요, 시간도 절약되고 더 깔끔하게 청소하실 수 있습니다.

나: 아, 그래요. 그런데 값이 꽤 비싸군요.

직원: 가격은 비싸지만 더 편리하고 경제적입니다. 소음이 없고 고성능 필터를 채용해서 미세먼지를 99.9퍼센트나 걸러 줍니다. 필터는 영구적이라 사후 비용이 추가되지 않습니다. 순간 분사식 히터를 채택해 예열 시간이 짧은 편이고 무게도 가볍습니다. 다양한 흡입구가 있어서 가구나 창틀 등 틈새 청소도 용이합니다.

매장 직원은 꽤 비싼 청소기들을 보여주면서 열심히 장점을 늘어놓았다. 나는 더 둘러보겠다는 말을 남기고 바로 옆 매장을 찾아갔다.

나: 청소기를 사려고 하는데요.

직원: 혹시 집안 바닥재가 무엇인지요?

나: 원목입니다.

직원: 그럼 요즘 인기 상품인 스팀 청소기를 권하고 싶습니다. 물통에 든 물을 순간 가열해 바닥에 뿌리고 걸레로 닦기 때문에 미세먼지 제거에 좋습니다. 제가 집안 바닥재가 무엇인지 여쭈어 본 것은 요즘 아파트 시공에 많이 쓰는 강화마루는 물에 약하기 때문에 스팀 청소기를 사

용할 때 주의해야 하기 때문입니다.

설명을 들은 나는 이 매장에서 스팀 청소기를 구입했다. 매장 직원이 상품의 단점도 살짝 귀띔해 준 것이 오히려 설득력을 높였던 셈이다. 제품의 장점과 함께 단점도 들은 고객은 오히려 '이 제품의 단점은 그것밖에 없구나'라고 생각하게 된다. 다시 말해서 단점에 대한 짧은 언급이 오히려 제품에 대한 신뢰도를 높이는 것이다.

어느 자동차 영업자는 이렇게 말한다. "이 차는 동급 차종에 비해 연비는 조금 떨어집니다. 그러나 그 어떤 차보다 튼튼하며 안전성도 가장 뛰어난 차로 선정되었습니다. 뿐만 아니라 차량 결함으로 인한 고장과 수리 접수 건수가 가장 적어서 유지나 보수 비용도 적게 듭니다. 또한 업계 최장 기간인 3년간 무상 보증을 실시하고 있습니다."

나는 고객들에게 이렇게 말했다. "고객님, 보험을 단기에 해약하면 손실이 큽니다. 해약환급금이 원금에 절반도 못 미치는 금액이 될 수 있습니다. 그러나 단점만큼 장점은 더 큽니다. 고객님께서 보험료를 내는 순간부터 이런 큰 금액을 보장받게 됩니다. 또한 질병과 재해, 사망에 이르기까지 어떠한 경우라도 이유를 불문하고 충분한 금액을 보상받을 수 있습니다. 뿐만 아니라 노후에 연금으로 찾아 쓸 수도 있습니다."

장점과 단점을 동시에 제시하는 '양면 제시'가 가장 큰 신뢰감을 준다. 양면 제시는 반대 입장도 동시에 담고 있기 때문에 강요하는 인상을 주지 않아 고객이 받아들이기 쉽다. 사람들은 모든 것이 완벽하고 좋다고 하면 '정말 다 좋을 리가 있겠어?' 하며 의심하기 시작한다. 하지만 이때 단점도 함께 제시하면 그것을 감추지 않고 알려주었다는 점에서 신뢰하는 마음이 생긴다.

신뢰가 전제되어야 한다

우리나라 면세점에서는 중국인 관광객들이 값비싼 물건을 몇 개씩 사가는 모습을 흔히 볼 수 있다. 우리나라에서 파는 제품이 중국보다 값이 싸기 때문에 많이 사는 것이 아니다. 그들은 우리나라 면세점에서는 가짜를 팔지 않기 때문에 기꺼이 지갑을 여는 것이다.

영업을 할 때 영업자에 대한 신뢰, 상품에 대한 신뢰는 매우 중요하다. 고객은 영업자를 신뢰하지 않는 상태에서는 영업자가 주는 정보를 곧이곧대로 받아들이지 않는다. 고객은 신뢰가 쌓이기 전에는 영업자가 어떤 말을 해도 주의를 집중하지 않는다. 고객은 정직하고 진실한 영업자에게 구매를 하고 싶어 한다. 고객의 신뢰를 얻고 그것을 유지하기 위해서는 신뢰 받을 가치가 있도록 행동해야 한다.

영업에서 중요한 일은 고객과 신뢰관계를 구축하는 것이다. '영업'이라는 말 속에는 신뢰와 존중, 필요와 가치, 기대와 아이디어 등이 모두 담겨 있다.

로저 도슨은 《설득의 법칙》에서 이렇게 말했다. "모든 영업의 출발점은 바로 믿음이다. 아무리 좋은 물건을 판다고 해도 고객이 영업자의 말을 믿지 않는다면 아무런 소용이 없다. 믿음 없이는 아무것도 팔 수 없다."

고객에게 신뢰를 얻으려면 일단 판매는 뒤로 미루고 먼저 고객이 필요로 하는 것과 가치에 대해 진정으로 집중할 수 있어야 한다. 영업은 진실한 대화의 부산물이다. 고객이 무엇을 원하는지 관심을 갖지 않으면 고객에게 제안하는 해결책은 보람도 없고 쓸모도 없다.

부끄러운 얘기지만 영업 초창기에 나는 고객이 원하는 것을 충분히 파악하기도 전에 상품만 판매하려고 했다.

"고객님, 보험은 가입하셨습니까?"

"아주 좋은 보험 상품이 있는데 소개해 드리고 싶습니다."

"다른 회사보다 더 보장이 많은 최고의 상품입니다."

"노후까지 보장이 되는 상품이 있습니다."

나는 고객을 만나면 설명하기에 급급했다. 나중에 고객이 거절한 이유를 충분히 깨닫기 전까지 이런 실수와 실패를 계속 반복했다.

거절하는 사람들 중 62퍼센트는 진짜 이유를 말하지 않는다. 38퍼센트만이 구매하지 않는 진짜 이유를 말한다. 이것은 영업자가 상품을 권할 때 적당히 둘러대는 사람들이 더 많다는 얘기다. 나는 적절한 질문을 하면 이유 없이 거절을 하는 62퍼센트의 사람들을 내 고객으로 만들 수 있다는 사실을 뒤늦게 깨달았다.

상담에서 가장 중요한 것은 올바른 질문으로 시작하는 것이다. 대화를 시작할 때는 미리 준비해둔 질문을 던져야 한다. 고객이 무엇을 원하는지, 왜 그것을 찾는지, 그것이 고객에게 어떤 이익을 주는지에 대해 먼저 파악해야 한다.

메모하면서
다시 확인하라

당신은 상담을 한 뒤에 고객이 무슨 말을 했는지 메모하는가?

나는 처음에 메모의 중요성을 몰랐다. 고객과 상담을 하고 나서 며칠 뒤에 다시 방문하면 지난 상담 때 고객과 무슨 대화를 나누었는지 정확하게 떠오르지 않았다. 하루에도 수없이 많은 고객을 만났기 때문이다. 상담의 핵심 니즈가 무엇이었는지 알 수 없었으므로 당연히 좋은 결과를 얻을 수 없었다.

메모의 중요성을 깨닫게 된 이후로 나는 고객과 상담할 때는 핵심적인 내용을 메모하기 시작했다. 메모를 하면 고객은 더욱더 진지하게 말했고, 놀랍게도 나보다 더 많은 말을 했다. 당연히 고객이 어떤 도움이 필요한지, 무엇을 기대하는지, 무엇을 고민하는지를 금방 알아낼 수 있었다. 또한 고객이 하는 말을 통해 상담의 해법을 찾을 수도 있었다. 고객의 말을 잘 듣고 메모만 잘해도 영업의 절반은 성공한다.

메모를 하면서 고객이 말한 내용을 반복해서 확인하는 것도 좋은 습관이다.

"인쇄 속도가 빠른 프린터를 구입하고 싶다고 말씀하셨는데, 속도가 빠른 레이저 프린터를 원하는 것이 맞습니까?"

고객의 말을 재확인하는 것은 고객의 상황을 이해하고 관심을 나타낼 수 있는 가장 훌륭한 방법이다.

사게 만드는 명언

고객이 원하는 것을 말해주는 영업자는 결코 실패하지 않는다.

-빌링스

확고하게 만족한 고객들은 다른 회사의 좋은 점을 좀처럼 인정하지 않는다.

-P. 커틀러

부드러운 말로 상대를 설득하지 못하는 사람은 위엄 있는 말로도 설득하지 못한다.

-체호프

상품을 팔기 전에도, 상품을 파는 순간에도, 팔고 난 이후에도 고객에게 최선을 다하라!

-샘 월튼

모든 영업의 출발점은 믿음이다. 아무리 좋은 물건을 판다고 해도 고객이 영업자의 말을 믿지 않는다면 아무런 소용이 없다. 믿음 없이는 아무것도 팔 수 없다.

-로저 도슨

진정한 영업은 고객에게 거절당한 순간부터 시작된다.

-E. G. 레터맨

위대한 영업자는 타고나지 않는다. 훈련을 통해 만들어진다.

-폴 마이어

영업이란 고객의 불편한 점을 해결해주는 대가로 돈을 받는 일이다.

-마쓰시타 고노스케

참고 문헌

카민 갤로(2013), 조은경 역, 애플 스토어를 경험하라, 두드림

로버트 B. 세틀(2014), 대홍기획 마케팅컨설팅그룹 역, 소비의 심리학, 세종서적

로저 도슨(2001), 박정숙 역, 설득의 법칙, 비즈니스북스

우노 다카시(2012), 김문정 역, 장사의 신, 쌤앤파커스

김미경(2005), 여성 마케팅, 위즈덤하우스

조 지라드(2005), 안진환 역, 세일즈 불변의 법칙 12, 비즈니스북스

김동범(2004), 소개 마케팅, 다산북스

토니 고든(2011), 한국 MDRT역, 보험왕 토니 고든의 영업노트, 경향미디어

이시이 히로유키(2012), 김윤희 역, 콜드리딩, 엘도라도

심현수(2014), 거절 없이 사게 하라 거침 없이 판매하라, 나비의활주로

브라이언 트레이시(2008), 오승훈 역, 판매의 심리학, 비즈니스맵

심길후(2016), 단 한 번의 거절 없이 판매할 수 있다, 세종미디어

김효석(2013), 불황을 이기는 세일즈 전략, 넥서스BIZ

채수형(2008), 판매명장, 상상예찬

다카기 고지(2006), 박화 역, 성공의 절반은 영업력이다, 이손

이장석(2015), 첫 출근하는 영업자에게, 다산3.0

마이클 달튼 존슨(2014), 이상원 역, 영업의 고수는 무엇이 어떻게 다른가, 갈매나무

아오키 다케시(2015), 이아랑 역, 3가지 질문만으로 실적이 오르는 질문형 영업, 인스토리

장문정(2013), 팔지 마라 사게 하라, 쌤앤파커스

가와카미 데츠야(2015), 이상훈 역, 팔지 마라 팔리게 하라, 매일경제신문사

조기선(2006), 물건을 팔지 말고 가치를 팔아라, 가림출판사

다니엘 핑크(2013), 김명철 역, 파는 것이 인간이다, 청림출판